L'Obèle

Martine Mairal

L'Obèle

Flammarion

© Éditions Flammarion, 2003
ISBN : 2-08-068388-8

À mon père, Henri Mairal
qui m'apprit à écrire,
À Julien Bonardier
qui en éveilla le désir,
À Jacques Baudouin,
qui m'en donne la force.

« *L'homme est le songe d'une ombre.* »

Pindare

« *L'homme est le songe d'une ombre,*
et son œuvre est son ombre. »

Marie de Gournay

1

La peste soit de l'Académie et des Académiciens ! Aussi soumis à la voix de Richelieu que fille transie à son galant. Docte assemblée des plus prudents lettrés de France, réunis pour sa gloire et par sa volonté, ils ne le contredisent jamais. Le pouvoir et l'amour font également perdre le sens commun à cette sorte d'hommes. Fâcheux état à qui prétend en dicter les termes et en régler la définition ! Il faut les voir façonner leur dictionnaire de la langue française à coups de serpe, déclarant hérétique l'usage des plus vieux mots de notre langue. Le cardinal leur souffle-t-il d'écorner le mot *jadis*, ou de démoder *allégresse* ? J'ai beau rager, vilipender, crier à la volerie, tout à trac ils s'acquittent, sans du tout barguigner. Et, ce faisant, biffent d'un trait de plume tyrannique la chose au cœur du mot, la souche des lettres, l'exultation d'écrire à pleine voix. A-t-on jamais accusé l'alouette de chanter faux ? La belle inquisition que cette académiade va nous inventer là !

Qu'importe si les mots sont antiques ou hors de

mode, pourvu que leur chanson me touche et me parle de moi. Qu'importe si l'antique poète Virgile m'est plus proche que le moderne Voiture, si le premier m'émeut aux larmes quand le second me porte aux larmes, mais de rire ! Pourquoi devrais-je me justifier d'aimer pleurer à Virgile et rire avec Voiture ? Car si j'aime à rire aussi, je refuse tout net que l'on me prive, même par brevet cardinal, du droit de jadis et d'allégresse.

Il fut donc entendu, sans autre forme de procès, que Marie de Gournay, votre servante, fille élective du grand Montaigne, serait allégrement bannie de l'Académie française nouvelle-née. Ai-je osé m'opposer vertement une fois de trop à ses funestes sentences ? Pour ma défense, je l'ai fait au nom de la vérité d'une langue française dont j'aime par-dessus tout l'étoffe de fantaisie, le puits d'invention, le bal des nuances, la joyeuse liberté, les racines à foison. La jupe cardinalice s'offusqua paraît-il de la présence de mon jupon aux premières séances. Mon vieux toupet, dressé un peu haut, aura échauffé son ire. Sans doute parce qu'il vient de si loin qu'on pourrait le dire de jadis et que je le porte, ma foi, avec assez d'allégresse.

Pas de femme qui tienne sur cette liste académique. Quoi ! le grand débat de la langue serait trop sérieux pour qu'une voix féminine s'en mêlât ! Ces Messieurs préfèrent laisser le beau parler français tomber en braies qu'en quenouille ! Mais qui le leur apprit, tout enfançons crottés qu'ils furent, si ce n'est leurs mères et nourrices ? A-t-on jamais parlé de langue paternelle ?

Mon grief contre ces messieurs n'a pas pris une ride. Les dames eussent-elles la raison et les méditations d'un Montaigne, je l'ai dit et écrit et le replace ici, car c'est toujours vrai : il n'y a si chétif mâle qui nous rembarre avec approbation de la plupart des assistants, quand avec un sourire seulement, ou quelque branlement de tête, son éloquence muette aura dit : « C'est une femme qui parle. » Combien m'exaspèrent ce sourire entendu, ces branlements du chef, cet accord tacite sur notre prétendue infériorité !

La vérité, c'est que Monsieur de Richelieu m'a volé mon cercle particulier d'amis érudits et l'a versé d'un trait de plume au rôle de son Académie. La teneur de nos savants propos, nos disputes infinies sur l'usage de la langue, nos lectures commentées des anciens et des modernes que notre trop courtisan abbé de salon, François de Boisrobert, eut la sotte vantardise de lui rapporter, lui inspirèrent aux alentours de 1635, voici cinq ou six ans, de placer nos aimables conversations sous lettres patentes. Il tailla en pièces notre troupe bavarde, élagua les noms à sa guise, dont le mien. Puis, adjoignant quelques obscurs maître Pathelin à son auguste liste, il la chassa de la belle demeure du laborieux traducteur et gentil homme Valentin Conrart, rue Saint-Martin, où nous avions nos habitudes, pour mieux la replanter chez le pédant universel Desmarets de Saint-Sorlin, plume-lige de Monseigneur. La faute du pauvre Conrart ? Se marier incontinent et non ignorer le latin ainsi qu'on aurait pu le croire. Ignorance qui lui sauva son titre d'Académicien. Car il n'est, pour y entrer, que de déposer un vil blason de flatterie à gueules d'obéissance aux pieds du Cardinal. Quant à la qualité littéraire, l'étiquette mondaine y suffit. Le pot fait la confiture. Ses membres les plus éminents ont surtout en partage de se déclarer hommes de lettres pour passer le temps et séduire les dames.

Disons-le tout net. La cène Académique rassemble un curieux dîner de têtes politiques. Sous couleur de régenter les soi-disant déportements des belles-lettres et de notre orthographe, Richelieu insinue par la force l'arme de ses édits dans nos us langagiers. Ce stratège hors-pair use de cette troupe à sa botte pour encercler le bastion de la pensée et l'amener à reddition. Et son armée de bûcherons ravage en chemin la futaie de notre poésie.

Combien de salons seront ruinés par cette virile entreprise ? Est-ce un hasard si ceux qui portent ombrage au Cardinal et lui rient au nez sont entre les mains fines de femmes de qualité ? L'Académie ne souffre pas l'ombre d'une robe. Qu'on se le tienne pour dit. Qui saura jamais si elle ne fut pas précisément formée pour faire pièce à la livrée galante de la marquise de Rambouillet, pour étouffer dans ses sombres plis la séduction arthénicienne, trop opulente, trop libre, trop intenable, trop grande rivale de la cardinalice influence ? Ne nous avait-il pas déjà supprimé, un ou deux ans plus tôt, le salon de la rue de Tournon où nos passions littéraires s'épanouissaient depuis un quart de siècle, en exilant à la néronne Madame des Loges en son Limousin conjugual ?

Certes, la minauderie et l'affectation des salons de ce siècle m'ont souvent été pénibles. Mais une conversation brillante, toujours, me consolera d'un méchant madrigal. Il est des auteurs de sots romans dont l'entretien est un délice. La poésie s'épanouit au goût d'un temps qui n'est plus le mien. Aussi est-ce bien ma faute de n'avoir su mourir avec le siècle de Montaigne dont je suis encore la fille, au beau milieu du salon des Précieuses. Peu me chaut d'y porter l'amour des auteurs du passé comme une chandelle allumée en plein jour. Peu me chaut de leur être sujet à d'incessants baladinages, tant qu'ils ne me tiennent pas à l'écart. Ma bizarrerie sans âge y fut admise et écoutée avec une ouverture, une générosité, un respect qui feront défaut, apparemment, à notre illustre assemblée.

L'entrant de ses réunions me fut bientôt interdit ! C'était oublier un peu vite que j'en fus membre avant qu'elle existât sur le papier, cette Académie française, qu'elle est sortie tout armée de mon salon comme Minerve du cerveau de Jupin, que les premières tenues eurent lieu en mon grenier ! De fait, n'admettant pas le niais discoureur Faret en mes intimes, le Cardinal put ignorer un certain temps combien le vrai débat de la langue échappait à sa férule. Il vit juste l'aimable dîner où la compagnie allait le lundi se restaurer avec entrain chez l'ami Conrart, faute d'avoir glouti chez moi le dimanche au souper rien d'autre que spirituels ragoûts. La conversation portait encore avec assez d'éclat l'écho de ce qui s'y était dit la veille pour qu'il s'y trompât. À la parfin, je fus pourtant la dupe de ce malentendu, car on m'en claqua la porte au nez. L'essaim avait changé de ruche et s'il continua à faire son miel en mes rayons, j'y déchus du rang distingué de femme de lettres à l'égale des hommes, où l'amitié de Montaigne et ma particulière obstination à en soutenir le mérite me maintenaient depuis un demi-siècle. De quantité négligeable à quantité négligée, trop bien sais-je qu'il s'en faut de peu, en ce monde courtisan. L'Académie se fit sans moi. Quels que fussent mes titres à en être, je n'en étais pas. Chaque académiste de mes amis argumenta d'abondance sur sa fidélité à mon jour et l'intérêt que j'aurais à préserver ma secrète influence dans leurs disputes préparatoires, tout en me gardant de prétendre à figurer en titulaire sur la liste :

— Tant politique que littéraire est votre tête si bien faite, Marie. Aussi concevrez-vous sans difficulté la cruelle vanité de réclamer du Cardinal cette proclamation *urbi et orbi* de l'égalité des hommes et des femmes par l'inscription de votre nom sur un brevet qui nous autorise à nous réunir et à continuer à débattre entre nous des destinées de la langue qui nous préoccupent si fort. Car tout refus de notre part nous mettrait au péril d'en être interdits ou bannis ! observa ce vilain greffier de Chapelain, toujours plus raisonneur que poète et plus courtisan que raisonnable, en frottant son nez maigre, signe chez lui d'un trouble moral certain.

— Point ne voudriez compromettre le grand nom de Montaigne attaché au vôtre dans cette séculière entreprise où la littérature ne peut que le céder au politique ! renchérit Boisrobert, jamais en retard d'une hypocrisie doublée de soyeuses caresses.

Leur plaire en m'appliquant à ne point déplaire au Cardinal. Être leur égale en notre cercle véhément d'intimes, mais point en leur sérieuse société d'hommes. Je ne les entendais que trop bien. Et si je ne fus pas du tout convaincue du procédé, je ne trouvai pas non plus moyen d'y rien changer sans tout perdre, y compris leur affection, ce qui est le triste lot fait aux féminines ambitions.

Depuis, je n'y ai plus mon mot à dire, ce qui ne m'empêche pas de le crier bien fort et de mener tapage, chaque fois que la prétention académique assèche une parcelle de la langue et l'espoir d'y voir reverdir jamais l'herbe du bon sens. Je sais bien que je les agace. Cela me rajeunit. Voici bientôt dix ans qu'ils me pensent enterrer dix fois l'an et à cette heure, je gagerais plus volontiers sur ma santé que sur celle de Monseigneur. Contre les décrépitudes de l'âge, colère et tyrannie sont souverains embaumements. Mais ma colère me dure quand sa tyrannie le mine, car je suis hors d'atteinte quand il subit mille pointes. Il perd ses forces à maintenir sa prééminence assiégée. Moi, je regagne les miennes à m'insurger contre la disparition de la langue que j'aime et continuerai à servir jusqu'à mon ultime souffle. Il s'épuise à sa gloire passée, je renais à l'éternité du verbe.

L'indignation réveille la sève sous ma vieille écorce, allume mon œil, ébouriffe mon poil et me met le rose aux joues. Mon interminable automne perd sans doute les dernières de ses quelque soixante et quinze feuilles, mais leur froissement se fait encore entendre de loin.

« Personne n'est exempt de dire des fadaises. Le malheur est de les dire curieusement. » Phrases prophétiques inscrites aux trois premières lignes du troisième livre des Essais de Montaigne. Elles pourraient servir d'épigraphe au récit de ma vie. Pour mon malheur, le passage des ans métamorphosa à la curieuse le parler du seizième siècle où je suis née, dans le dix-septième siècle où je m'en vais mourir. Ma réputation de dire des fadaises tient donc à ma façon de les énoncer à l'ancienne aux jeunes oreilles qui les entendent curieusement. Curieuse leur suis-je et curieuse veux-je être, quand il s'agit de défendre la langue des poètes, la parole des Essais, contre les menées académicrophages de ces méchants gribouris, de ces affreux coupe-bourgeons et viles lisettes d'Académiciens qui ravagent nos vieilles vignes langagières, compromettent les vendanges futures et pensent mériter leur surnom d'écrivain pour avoir dévoré leurs feuilles vertes à belles dents ! Si fadaises leur sont devenus les Essais de Montaigne, curieusement veux-je leur dire céans, une dernière fois avant que de disparaître, combien je les plains de ne plus savoir le lire. Car m'a toujours semblé plus curieuse, à moi, leur prétention d'enseigner la sagesse et modifier le cours des mots, que de s'essayer, comme le voulut Montaigne, à désenseigner la sottise :

— Las, Monsieur, les sots ne vous lisent point ! N'est-ce pas folie que de peiner si fort à écrire une œuvre dont bien peu auront à connaître ? lui demandai-je, candide, un matin de ce bel été 1588 où nous avons passé tant d'heures ensemble, penchés sur les épreuves de son livre.

— J'en ai assez de peu, me répondit-il. J'en ai assez d'un. J'en ai assez de pas un.

Aussi bien l'a-t-il écrit tel quel, au chapitre « De la solitude ». C'est ainsi que je décidai, toute jeunette fussé-je, que s'il y en avait peu, déjà en étais-je, que s'il n'en restait qu'une, je serais celle-là, et me bats depuis à la folie pour qu'il y en ait encore plus d'un après moi.

Il n'en reste qu'une et je suis celle-ci. Inlassablement, j'ai fait imprimer et réimprimer depuis, à la virgule, le texte de ses Essais, défendant du bec et de l'ongle la vérité de son œuvre telle qu'il me l'avait transmise pour être publiée après sa mort, si curieuse qu'elle parût aux imprimeurs de ce siècle. À ce point que j'en suis arrivée à traduire les références latines qui chagrinent si fort les Académiciens, afin que quelques sots de plus fussent en mesure de se voir désenseigner leur sottise. L'avenir dira si je suis parvenue à jeter un pont sur les eaux oublieuses du Léthé. Mais quand je m'en irai aux Champs-Élyséens croiser l'ombre de Michel, point n'aurai-je à rougir pour avoir accompli ce qu'il attendait de moi : publier l'entièreté de ses Essais annotés dans la marge, chaque jour jusqu'à son dernier, quatre ans après notre rencontre, de dizaines de pensers nouveaux qu'il nommait allongeails, juste éclos de la nuit, du moment, de nos conversations, de ses lectures. Fixer en son ultime état, sans en rien retrancher, le rouet mouvant de son grand œuvre dont m'échut, selon son vœu, l'édition qui devait devenir son tombeau.

Car j'eus cette chance et joie immense, de respirer, de vivre et travailler toute une mirifique saison, épaule à épaule avec le grand Montaigne, du temps que j'étais si jeune, et si grave, et si éprise de lui, et figure dans ses Essais, épinglée d'un petit signe griffu, l'obèle, en un prodigieux allongeail où il m'assure sans cérémonie aimée de lui beaucoup plus que paternellement et méritant son estime et amitié après Étienne de La Boétie, ce dont je me glorifie depuis, infiniment plus que d'un titre académique. Voilà ce que je veux ici raconter à ma mode curieuse, pour peu, pour un, ou même pour pas un. Juste pour moi.

2

À dix-sept ans, j'entrai en érudition comme on entre en religion. La religion d'un livre qui les contient tous : les Essais de Michel, Seigneur de Montaigne. Deux lignes à peine, et me voici déjà sacrilège, insolente, prétentieuse et pédante. Fidèle, en somme au portrait que firent de moi mes contemporains.

L'amour n'est pas mon signe. Je déplais aussi aisément que d'autres plaisent. Et si ai-je mes raisons d'en tirer quelque orgueil, il n'en reste pas moins que j'ai vécu dans une perpétuelle rumeur batailleuse, en butte à mille brocards, caquets et moqueries dont seule une sourcilleuse solitude pouvait me sauver. Ces essais de ma façon que je confie au secret d'un tiroir de mon cabinet en seront le dernier et le seul témoin.

À vingt-sept ans, du jour où j'appris la mort de Montaigne, j'entrai en vieillesse comme on prononce ses vœux. Sachant que jamais plus, je ne retrouverais semblable exaltation. J'avais vécu en quelques années plus qu'il n'est donné à la plupart des hommes, fussent-ils grands esprits et fins érudits, de vivre en cent ans d'existence.

À moi de faire un allongeail : je suis née sous Charles IX, en 1565, et je pensais mourir sous Louis XIII. Mais à cette heure de 1643 où je finis d'écrire ces pages accumulées, chaque nuit, depuis un an entier, l'avènement de Louis XIV aura bientôt lieu, sous la régence de sa mère, Anne d'Autriche.

Car j'ai traversé un changement de siècle que je dois raconter ici pour en laisser une trace. Car je l'ai regardé avec les yeux grands ouverts d'un passé renié de tous. Car j'ai payé fort cher le prix de ce renoncement aux facilités de pensée et de langage de mon temps, pour ne pas tenter encore un bref instant, face à l'éternité, de placer ma voix fluette de manière à ce que l'écho de ma ferveur touche un jour un esprit qui comprenne enfin ce que j'ai vécu et sache, se peut, en raconter l'intime vérité.

Il fait nuit, la chandelle fume. Le sommeil me fuit décidément. Installée à ma table dans mon appareil nocturne de douillettes de soie puce et de turbans de laine, je rêve ma vie tout debout, une plume à la main. Le projet me tient d'en faire des notules, de m'essayer à fixer à la furtive ses chapitres décisifs, de m'émerveiller tout bas de mon histoire si longue et si bizarre, de m'ébattre le cœur au souvenir de Montaigne penché sur moi, m'enseignant à l'aimer et à l'éditer, et me battre les flancs à l'idée du bon tour que je joue à mes farceurs d'Académiciens. Commentaires césariens des petits et grands événements de ma destinée, fresque minuscule, allongeails de l'ombre, essais en bref, je les confie à la fortune de mon livre favori. Puisqu'il était dit que je serais avant tout une lectrice. Puisqu'il était dit que je ne deviendrais un écrivain que dans la célébration d'une autre écriture que la mienne. Puisqu'il était dit que ma vie finirait par se dérouler tout entière aux marges d'un seul et unique livre.

Adoncques avais-je tout juste dix-huit ans quand je découvris cet ouvrage qui impressionna fort mon jeune esprit nourri aux tables les plus sûres d'un humanisme dont mon cotillon de fille, si bien née que je fusse, me refusait a priori l'accès. Je me souviens de cette prime lecture frénétique, hallucinée des Essais. Enfin un esprit survenait pour guider le mien dans ces ténèbres du savoir où je m'étais aventurée à l'aveugle. Je brûlai les pages sur les traces de cette pensée qui semblait s'être déroulée, là, sans fards et sans faux-semblants, exprès pour moi. Ce livre portait la marque d'une puissante conception, traversée par la citation des sonores sentences du passé. Je les entendais soudain avec une clarté et une ferveur jamais retrouvées ailleurs. La main qui avait tracé ces lignes dénouait pour moi avec une limpidité merveilleuse l'énigme complexe d'un savoir dont j'avais à ce jour saisi seuls quelques liens essentiels. Juste ce qu'il fallait pour comprendre que je me trouvais devant une œuvre capitale de la pensée humaine.

Peut-on parler d'un coup de foudre littéraire ? Ma lecture se poursuivit des mois durant, en dépit des obstacles qu'on voulut y mettre. Rien ne m'importait plus hors de ce précieux exemplaire que le libraire m'avait confié pour mon père dont je prétendais achalander la solitude provinciale et l'érudition virgilienne. Les errements dûs à mon enfantine ignorance avaient visiblement le don de susciter les conseils éclairés du bonhomme et une vocation professorale rentrée dont je m'empressai de faire bon usage. Il était très admiratif devant l'éclectisme des choix de mon cher père qui s'était ainsi taillé dans la capitale une solide réputation *post mortem* de penseur picard parfaitement autodidacte.

Ma mère, qui se frottait aux périls dispendieux de la vie parisienne afin de consolider notre maigre fortune, trouver à établir ses six enfants et parfaire leur éducation, s'insurgea bientôt contre cette nouvelle lubie. Pour lui plaire, il eût fallu que je fusse ravissante et stupide, sachant à peine écrire, encore moins lire et compter davantage. Je n'avais pour moi qu'une fraîcheur adolescente et une tournure vive. Si les portraits ne me flattent guère, c'est que le modèle n'en fut jamais docile. Mon regard qui ne baissait point, l'éclair des pensées qui m'agitaient, l'ironie de voir la vie déjouer les jeux savants de ces joueurs qui croyaient avoir la main quand ils n'étaient que figures sur les cartes d'un destin largement plus vaste qu'eux, l'exaspération constante de m'entendre traiter comme une enfant balbutiante sous prétexte que je portais jupon, alors que mes benêts de frères recevaient sans y prêter la moindre attention l'éducation dont j'aurais si bien fait mon profit, autant de traits qui ne correspondaient guère aux canons de la beauté féminine de mon temps.

Dans le miroir qui me fait face, je croise le regard espiègle de la vieille dame parfaitement indigne que je suis devenue. Mes jeunes contemporains, poètes et penseurs dont l'insolence n'a d'égale que la légèreté, me raillent et s'illusionnent sur l'apparente indifférence avec laquelle j'oppose un front uni à leurs méchantes inventions. Mais, sans savoir ce qui les attire, ils reviennent me visiter comme une espèce de monument. De quoi servent les vestiges du passé, si ce n'est à combler notre curiosité présente ? Je sers la leur bien volontiers s'ils continuent à me faire leur cour pour satisfaire la mienne. Cette après-dînée, j'avais encore dans ma ruelle trois de ces empoudrés avaleurs de frimas, trop sûrs de leur esprit pour douter de ma sottise. Les six volées d'escalier qui mènent à ma châtonnière les essoufflent et me permettent de les observer un temps avant qu'ils ne commencent à jacasser de concert. Par eux, je sais les nouveaux contes de la cour, des jardins et des ruelles. Ce qui s'écrit, ce qui se lit, se dit et se médit monte ainsi jusqu'à moi quatre à quatre. La folie douce dont ils pensent se divertir si fort m'est un masque commode. Ma librairie sous les toits est demeurée un théâtre bien en train, au grand dépit de nos précieuses. Pour la qualité des réparties, la férocité des rumeurs et le battement des idées, la cote de mon salon se maintient. Je ne crains personne. Les railleries que l'on me fait en sont le prix à payer, mais le bruit ne m'en revient que de loin et l'âge émousse cette sorte de pointes. Tant pis si demain ils sont toujours là, plus gais, plus jolis, plus méchants, plus nombreux. Certes, ma haute position ne tient qu'aux trois étages qu'escaladent pour me voir des jambes pensantes de vingt ans. Ils y sont toutefois étrangement fidèles et me rapportent le grand étonnement du monde, nécessaire pour mieux goûter et déployer les calmes pensers de ma solitude bien remparée de livres.

3

Dès l'âge le plus tendre, je me réfugiai dans la lecture comme dans un cloître paisible. Le clerc chargé d'épeler l'alphabet à mes frères récalcitrants ne sut imaginer que j'avais appris mes lettres à l'ouïr plus attentivement qu'eux et cria au prodige. À peu que ma mère ne voulût appeler le curé aux fins d'exorciser si périlleuse possession. Monsieur de Gournay ne fit qu'en rire et me donna sa bénédiction à sa manière plaisante et bonhomme :

— Bon chien chasse de race, Madame, et je voudrais pouvoir en dire autant de ses frères. Pareillement je sus lire plus vite que mon maître me le voulait apprendre. Pareillement il s'indigna. Rien de sorcier dans cette fine mouche, mais la marque d'une intelligence alerte et d'un appétit dont je me réjouis. Félicitez-vous plutôt de l'aubaine. Ce que mes fils ne liront point seuls, leur sœur le lira pour eux. Laissez-la lire tout son content.

La Dieu merci, ma mère se le tint dit pour évangile et n'osa jamais y revenir, même après la mort trop précoce de son époux, quoiqu'elle s'en plaignît souvent. Tant qu'il vécut, je fus mandée chaque dimanche après vêpres en son cabinet d'où il tirait contes et fabliaux, romans de chevalerie et vies de saints qui avaient enchanté ses enfances, me priant d'en donner lecture à voix haute pour instruire mes cadets. C'est ainsi que Renart, Ysengrin, le preux Roland, le Gallois Perceval, Amadis, la blonde Yseult, mais aussi les héros de *L'Illiade* et *L'Odyssée* d'Homère, sans oublier les saints patrons de *la Légende dorée* contée par Jacques de Voragine et les lumineux *Adages* d'Erasme, devinrent les compagnons de nos jeunes vies.

Lire m'était plus nécessaire que le boire et le manger. Un livre entre les mains, je m'évadais de la triste prison où mon siècle entendait confiner les esprits féminins. Tant bien que mal, après la mort de mon père qui me légua le fonds de sa modeste librairie, j'avais étudié seule la rhétorique, le latin, et même un peu de grec pour être à tout le moins capable d'en déchiffrer l'alphabet et d'en reconnaître les mots qui ont fertilisé notre langue. Les poètes m'enchantaient. Maurice Scève, le Lyonnais qui nous découvrit l'italien Pétrarque, puis Ronsard et Du Bellay et leur Pléiade. J'y contractai la passion des sonnets. Encore me tenait-elle jusqu'à ceux de Messieurs d'Aubigné, Papillon de Laphrise, La Ceppède, Jodelle ou Jean-Baptiste Chassignet qui firent mes délices. Car je prise fort la gaillardise exacte de leurs traits, ciselés en cette forme précipitée d'un tourbillon rimé, d'un galop mesuré d'émotions où n'entrerait pas un mot de plus et où un mot de moins nous fausserait le tout. Et m'émeut le bonheur de leurs pointes, la justesse de leurs passions quand la fausseté des pompes d'un Maynard ou le tour des précieux m'ennuient.

Il y eut aussi le gentil Guillaume Saluste Du Bartas dont l'ample *Sepmaine* me porta si joyeusement vers Lucrèce. Aussi bien entend-on en son fleuve d'alexandrins sonores le grand murmure de la Genèse, de l'azur aux océans. Y passe la gentille alouette avec son « tire-lire à liré et tire-lirant tire », on y sent le parfum de la « doux-flairante pomme » et les charmes de mille autres mots ronds copulant d'un fin tiret, comme bêtes-à-bon-dieu dans un massif de roses, et qui tant révulsent, depuis, mes sinistres contemporains. Notre Saluste en fit le sensuel déchiffrement de la nature du monde. Ainsi me pris-je précocement d'amitié pour ce grand ami d'un grand ami de Montaigne, Pierre de Brach, cette lecture forgeant un chaînon de plus à ces liens de si grande conséquence en ma vie.

Bien lus-je aussi, et dévotieusement, les cinq livres de Rabelais dont le libraire m'avait donné le paquet cacheté à la cire en stipulant qu'il fût remis en mains propres à mon père. Le cher homme, montagne de drap brun et de bénévolence, n'imagina jamais que je fusse à même d'en lire et encore moins d'en comprendre une ligne. Il s'assurait seulement que je saurais redire à mon père la substance de ses conseils qu'il me serinait de sa grosse voix comme si j'eusse été faible d'esprit. Fichaises ! Il radotait à plein jabot, mais me vendait tout ce que je voulais.

Émerveillables sont les accointances entre ceux qui font, en toutes langues, métier d'imprimer la pensée humaine. Outre les ouvrages pour lesquels cet excellent mentor possédait droit et privilège royal, j'acquérais ceux qui cheminaient vers lui par lots ambulants, de ses inumérables correspondants en lointaines et érudites contrées. Son atelier était l'encrier d'un vaste portulan de l'esprit. Il répandait une odeur épicée qui m'étourdissait. Les clercs studieux courbés sur leur copie m'étaient tant lointains que saint Jérôme en leurs pupitres. Ils vivaient aux portes d'un paradis que je croyais interdit, sans me douter qu'ils me feraient un jour place dans leur austère et déférente confrérie.

En attendant, je dérobais à mes robes le prix de mes lectures, préférant embellir la tournure de mon esprit que celle de ma personne.

À la folie j'aimais aussi lire les écrits des femmes qui m'avaient précédée en un temps où il était naturel et de bon aloi pour une femme bien née de penser et de faire œuvre de littérature. Les lais de Marie de France, la brûlante amour des sonnets de Pernette du Guillet et de Louise Labé, l'audacieux *Heptaméron* de Marguerite de Navarre me donnaient signe d'auteur, m'encourageaient dans ma patiente, mon obstinée quête de savoir.

Et voilà que parmi tous les livres, il en était un qui parlait à mon esprit avec une limpidité et une force jamais éprouvées, qui ordonnait les lignes de ma raison avec une évidence bouleversante et disait sans vert le bonheur de réfléchir, d'être doué de conscience. Avant même que d'en approcher l'auteur, je me pris de passion pour ces Essais écrits dans une langue vigoureuse et précise. Une langue vivante et bondissante sur les sentiers de la pensée avec la souplesse d'un bel animal dont le moindre mouvement est dicté par un sens très sûr de la nature. Ce que d'aucuns croient sauvage et primitif et qui est, de fait, libre et inspiré. Une langue de Babel, capable de se forger les mots qui lui font défaut, de modeler en quelques syllabes puissantes l'allégorie d'une idée, de faire surgir la sonorité du monde au creux du verbe. Une langue qui a résolu les mystères de l'incarnation avec la simplicité d'Adam et la sagesse de Sénèque. Une langue qui pose la voix et dit crûment les désirs, les contradictions, les chamades du corps qui la gouverne, de la pensée qui les maîtrise.

Le verbe fait homme.

Montaigne écrivait : « Je n'ai point l'autorité d'être cru, ni ne le désire, me sentant trop mal instruit pour instruire autrui » et jamais leçon ne m'avait semblé si douce, si difficile en soit la lecture. Il écrivait : « Chacun regarde devant soi ; moi, je regarde dedans moi : je n'ai affaire qu'à moi, je me considère sans cesse, je me contrerole, je me goûte. Les autres vont toujours ailleurs, s'ils y pensent bien : ils vont toujours avant, moi je me roule en moi-même », et je me sentais résolue à en faire autant sans pudeurs inutiles. Il écrivait : « Les difficultés, si j'en rencontre en lisant, je n'en ronge pas mes ongles ; je les laisse là, après leur avoir fait une charge ou deux », et délivrait ma lecture des doutes de l'incompréhension, tournant la page quand il le fallait, quitte à revenir sur mes pas pour recevoir ma provende quand la queue du sens viendrait m'effleurer l'esprit comme celle du chat la cheville, à l'heure du repas.

Les Essais. Jamais plus sacrilège qu'aujourd'hui d'oser en faire l'éloge. Au moment où notre langue se vertugadine et se fige dans une rigueur désolante, toute semblable à un hiver tardif qui givre les promesses du renouveau trop tôt venues et navre gravement les récoltes à venir, plus me plais encore à évoquer l'élan, la verve, l'ivresse étymologique, l'arcature rhétorique, la puissante conception, la force et la jubilation de cette écriture qui me prit au cœur et au corps tout autant qu'à l'âme et imprima en moi le sceau indélébile d'une pensée qui nomme l'univers et nous fait ainsi exsister à notre humaine condition.

La langue d'un livre, le livre d'une vie. Un livre inlassablement écrit et récrit dans les marges. Le livre d'un grand lecteur passionné d'aiguiser son esprit sur la pierre du passé, de laisser sans se perdre sa méditation vagabonde errer sur les sentes abruptes de la pensée d'autrui, s'aidant, pour tout bâton, des citations élues pour leur correspondance avec le mouvement de sa réflexion. Le livre d'un honnête homme du siècle dernier qui en compta tant et tant et d'autant plus qu'il eût semblé du dernier commun à un esprit si bien venu de ne point en avoir les qualités et surtout, surtout, la première d'entre elles, perdue depuis dans les recoins trop précieux ou les impératifs trop vertueux – ce qui revient au même – de nos salons d'aujourd'hui, la poésie.

— Fi donc, Madame, autant vouloir dormir son aise sur une bûche ! Que ce Montaigne a donc de rugosité, de verdeur et de vulgaire. À peu qu'il ne me pue un provincial fumier d'oc, curieusement mêlé aux douteux encens des chapelles antiques dont il farcit sa prose. La tête me tourne à suivre les tours de sa pensée tout enfumée de grec et de latin !

Voilà la manière de compliments qui m'échoient depuis cinquante ans que je m'échine à éclairer mes contemporains sur la valeur de l'œuvre que j'admire par-dessus tout. Autant allumer les lustres pour éclairer le soleil ! Des bœufs, vous dis-je ! Et moi qui

n'ai rien d'une herculéenne complexion, de prétendre nettoyer de ma seule plume les préjugés qui
les crottent pire que les écuries d'Augias. À les
entendre, une tempête me prend. Je crie, je pleure,
je m'agite et me noie. Me ridiculisant, j'encours le
blâme extrême de n'être plus l'exemplaire qu'on
aime, mais bien au rebours celle qui effraye et
rebute.

Les Essais, au-delà de la grande utopie renaissante
du retour au paganisme souriant de la mythologie
gréco-romaine, marquaient le sommet d'une poétique et d'une rhétorique propres à donner à la
langue française des lettres de noblesse qu'elle récuse
depuis, mais dont je suis bien assurée que les siècles
à venir lui donneront quittance. Les Essais. Le livre
d'un siècle dont je me suis voulue la championne
jusqu'à l'absurde. Un siècle à contre-emploi du
mien. Un siècle aveugle dont je me suis faite l'Anti-
gone pour l'amour de Michel de Montaigne.

Mon message tiendra en ces quelques pages, aban-
données aux griffes hasardeuses de l'épervier de mes
pensers, lancé à l'infini. J'écris ces lignes aux amples
marges in-quarto des placards du tiers livre. Ceux de
l'été 1588. Notre été.

Ultime relecture au seuil de la mort. Ma plume
court sur les blancs des pages, fait mien ce volume
relié feuille à feuille de ma main. Désormais il ne
ressemblera plus à aucun autre. Il est temps. Ce texte

me regarde depuis si longtemps. J'ai quelque chose à en dire avant que de fermer les yeux et de m'abandonner au néant dont je sais d'ores et déjà que lui seul me sauvera.

Et me voici derechef sacrilège. Prête à me livrer toute dans l'aveu de cette utopie amoureuse que fut ma longue, ma dévotieuse, mon inlassable lecture du livre de ma vie. Comment toute une existence peut-elle contenir dans un livre sans se muer elle-même en une manière de roman ? Un vertige me prend parfois à l'idée que, devenant la fille d'alliance de Montaigne, je me suis faite jusqu'à la folie l'alliée filiale de son œuvre. À ce point, je l'avoue qu'il m'arriva, au gré des éditions, de supprimer les passages où il parlait de moi, tant m'était insoutenable cette illusion tenace d'être née de son imagination. Il est vrai aussi que je le fis pour apaiser une dispute plus douloureuse encore, car beaucoup me décrurent, jugeant que cette filiation était chimère et tromperie dont je les abusais sans vergogne. Las, Montaigne n'était plus là pour me donner son *imprimatur*, sinon aux marges de son texte dont on pensa même que je les avais emplies à ma mode pour mieux servir mon prétendu orgueil.

Laissons dire, tant qu'ils lisent les Essais, fût-ce pour de mauvaises raisons.

De cette lecture dont la tension, jamais, ne relâcha mon attention après qu'elle l'eut captivée, de cet écrivain déifié au risque du ridicule qui ne m'a pas épargnée, j'entreprends de remplir les blancs qui se confondent avec ceux de mon existence. Ce livre a consacré une rencontre hors les lois du monde et de l'esprit que je veux raconter en quelques brefs tableaux. Il est la clef d'un dialogue imprévu que d'aucuns préfèrent démentir tant il leur semble improbable. J'y laisserai une glose libre et hérétique de ma façon, comme libre et hérétique fut notre alliance à notre façon. Une audace dont je sais par avance que l'on me fera grief. Une dernière insolence qui sera la figure de mes adieux au monde.

4

Curieuse sensation que celle de s'annoter soi-même à petits traits précis comme un scalpel de barbier débride une plaie. Tentative dérisoire, au bord de l'abîme, de semer quelques pierres pour marquer mon passage. Trop bien sais-je qu'il ne faut point se retourner sur Eurydice. Le pouvoir pétrifiant du livre sur la pensée, sur la poésie, sur le jaillissement de la langue est-il la conjuration ou la revanche d'Orphée ? Les mots pris tout vifs à la glu des pages y perdent leur sens et leur temps. Combien de ces poètes, de ces penseurs que j'aime sont lus encore à cette heure ?

Piètre vigile je suis. Cette maudite manie des dictionnaires m'atteint, quoi que j'en aie. Je sens bien que les mots antiques renâclent dorénavant sous ma plume. Je viens d'un temps où parler et écrire allaient de soi comme un battement du cœur et de l'esprit accordés sur un rythme antique. Oui, païenne veux-je être face à ces prestolets mortifères qui font un vaste brûlis des racines chantantes de notre français. C'est Orphée livré aux bêtes du catalogue, la tour de Babel reconstruite sous forme de dictionnaires à damner les mots qui n'entrent plus dans l'usage qu'en veut imposer le dogme nouveau. Et chacun, théatins, barnabites et mystagogues de tout poil, de tirer à soi pour la parade d'avoir repeint de neuf notre vieux parler. Nos modernes jardiniers du verbe élaguent et taillent à la serpe tout le buis tendre de la langue. Quelle pitié !

Adieu les mots anadyomènes, faits d'écume et de rêves, qui sourdaient au bout du vers, au ressac de la phrase. Adieu les formules mirifiques que la passion sculptait au besoin sans vergogne. Adieu, les pierres rhétoriques dont le choc pur étincellait d'extravagantes inventions. Adieu la poésie perdue dans la poétique. Adieu la muse perclue de règles de grammaire. Adieu la langue vive malherbisée à mort. Adieu.

Avec mon écriture pour tout ex-libris, cet exemplaire incomplet portera les essais de Marie de Jars de Gournay griffonnés dans ses marges. On me connaît l'in-folio de 1595 dont je fis le tombeau de Montaigne. Mes étagères alignent encore le volume in-12, dédicacé de sa main, de la première édition parisienne des Essais en 1588. Et aussi celui de Millanges que mon libraire avait fait venir de Bordeaux en 1582, édition seconde et déjà accrue du fertile limon des annotations de l'auteur revenu labourer à la courbe de son texte. Et la théorie des éditions publiées depuis par mes soins, en France et ailleurs, quasi tous les deux ans, et dont la dernière-née, au bout de mes forces et de ma patience, parut voici sept ans, sous l'égide du Cardinal.

De quoi sont chargées ces pages jaunies, tant de fois tournées d'un doigt attentif autant que fébrile ? Transmet-on intacte la passion que l'on a éprouvée à la lecture d'un livre ? La Mothe le Vayer, mon petit Académicien, qui se pavane fort de mon spirituel héritage en droit lignage de l'auteur des Essais, les couve d'un œil jaloux et je ne saurais les soustraire à la succession promise de ma librairie sans qu'il s'en étonnât.

Non. Ces pages où j'écris sont restées au plus secret de mon cabinet. Elles n'appartiennent qu'à moi. Montaigne me donna ces placards en lecture au solstice de notre rencontre. Aussitôt imprimés, il avait entrepris d'y refaire, à l'ultime saison de sa vie, le travail que son infortuné libraire, Abel L'Angelier, pensait terminé. Bien me souvient qu'il argua de l'inspiration que lui offrait notre dialogue, à l'heure où il griffonnait ses nouveaux allongeails sur cette édition nouvelle des Essais augmentée de son troisième livre. Ma lecture redoublant, disait-il, la force digressive de sa relecture après que l'imprimeur a fait son office, bourreau de la pensée qui la fige sous les plombs dans un désolant état d'inachèvement. Las, il était encore temps pour lui de s'essayer à ses Essais, comme il le fit jusqu'à l'heure dernière où sa mort scella l'ultime état de ses écrits, fermant la parenthèse du grand remuement de son grand œuvre dont le bruit me tient encore alerte dans un autre siècle que le sien, quand tout fut dit si vite et si tôt dans ma vie. Une affinité étrange à tout autre que nous se poursuit ainsi, par-delà la ténèbre de solitude où j'erre en vain à la recherche d'un écho perdu.

Non répertoriés en ma librairie, ces placards d'imprimerie, datés de juin 1588, sont sur ma table, incognito. Comme un dialogue jamais interrompu que ma plume poursuit à la sauvette sous les petits coups laissés par celle de Michel. Ainsi, me semble-t-il, sa main continue-t-elle de guider la mienne par-delà les ans aussi sûrement que sa pensée m'éclaire et me précède. J'ai fait ces jours-ci de ces feuilles antiques mon très intime et passionné livre d'heures. Il contiendra, sous sa couverture muette, ce récit *ab fines* des fragments les plus parlants de mon histoire et n'est pas destiné à être rouvert si aisément après ma mort.

Mes ans ont patiné son cuir modeste et ma plume vagabonde s'épanche dans ses amples blancheurs ouvertes, au gré de mes songe-creux, pour une relecture finale qui conjugue étroitement le récit de ma vie et celui de mon étrange destinée, tôt bouleversée par la rencontre que je fis de Monsieur de Montaigne. Cette rencontre ne laisse pas de fasciner mes contemporains sous une apparence de sarcasme. Je suis celle qui connut Montaigne de son vivant. Cela fait de moi une manière de fantôme grinçant en sa librairie branlante, passée par miracle au travers des récifs du temps pour leur offrir le reflet encore net d'une pensée révolue dont la force les attire, quand bien même serait-ce pour mieux rire de ma dégaine vermoulue.

En guise d'Essais, je veux écrire le témoignage de l'accompagnement que me donna Montaigne pour ajuster sur la sienne l'exigence de ma pensée, rester digne d'avoir un jour été inscrite, d'un trait de plume, à la lisière de son texte. Dont acte. Car il en composa les trois livres ainsi : lisant et relisant son œuvre, revenant inlassablement aux marges de sa vie et de sa méditation. Le pouls du présent servant d'obèle au passé pour gloser à l'infini les ajouts de l'expérience à la ligne de la philosophie.

Ce qu'on lira ici, c'est le secret de cette grande amour qui me prit et bouleversa ma modeste destinée de demoiselle de Gournay marquée d'une obèle aimante, au point d'encourir la sévérité de mes contemporains dont je craindrais fort que les jugements péremptoires sur la folie dont ils me pensent habitée n'empirassent dans le futur, si je ne savais de bonne foi que le livre de Michel de Montaigne portera par-delà les siècles notre alliance et ma ferveur latente.

Un jour, une main inconnue et pourtant familière ouvrira ce volume. Le seul héritage que je laisserai jamais. Celui de mon esprit et de son insolite filiation. Je veux croire que ce ne sera pas un hasard. Que cette main saura saisir la gravité de l'instant. Qu'un esprit sincère et attentif se penchera sur ces lignes pour en déchiffrer mot à mot la vérité. Que nos âmes, ce jour-là, se joindront dans une nouvelle et prodigieuse alliance.

Ce que le temps ne nous a pas laissé, l'éternité nous le donne.

5

En ce mois de février 1588, la rumeur de la mort
de Montaigne courait dans Paris. J'en conçus un
chagrin fracassant qui suscita les commentaires iro-
niques de mon entourage sur la folie des filles et les
dangers de la lecture. Ma pâmoison subite ébranla
le calme de la maisonnée. La nouvelle annoncée à la
négligée, comme un caquet de salon, me fit perdre
le sens un long moment au vu et au su de tous.
Les voisines jasèrent. Les servantes s'esclaffèrent. Ma
mère se mit en colère et mes frères et sœurs se gaus-
sèrent sans pitié. Mon affliction dépassait leur entendement et leur cassait les oreilles. Car, sitôt ranimée,
cet énorme chagrin provoqua un fracas de sanglots
qui les étonna avant de les fâcher. Ni les caresses ni
les menaces ne le purent éteindre. Or, ma familiale
réputation n'était point à la larme facile mais plutôt
à la main leste, au cœur ardent et à la répartie aiguë.
Il est vrai que la lourdeur des servantes, l'obstination
de ma mère, les criailleries de mes sœurs et les
frasques incessantes de mes garnements de frères

auraient eu de quoi exaspérer l'humeur d'un saint ermite. Et si j'aspirais souvent à la solitude, point ne me connaissais aucune vocation à la sainteté.

L'étendue de mon désespoir fut à la mesure de l'espoir que j'avais conçu d'une rencontre possible avec l'auteur élu par la fougue d'un esprit de vingt ans. Le temps venait d'écrouler sur moi un grand pan de mur noir qui étouffait mes pensers, noyait ma passion et m'éclaboussait de larmes amères.

— La sotte fille que voici pour pleurer de la sorte un parfait inconnu ! tempêta ma mère, outrée d'un tel raffut.

Elle me pria de cesser là ces billevesées et de ne plus songer qu'à trouver mari. Encore un ordre qui me révoltait. Je ne pouvais m'y résoudre sans frissons. La seule idée de devoir me plier aux vouloirs d'un homme qui, pour m'avoir fait l'insigne honneur de me donner son nom, aurait gagné le droit de porter la main sur moi sans autre forme de procès m'horrifiait, me semblait-il, en toute légitime perspective.

Madame de Gournay poussa derechef les hauts cris quand je m'ouvris à elle de ces nobles principes. Je subis un sermon sur la difficulté de trouver un époux convenable pour une fille aussi dépourvue de grâces et de dot que je l'étais. Ma virginité était préservée comme un trésor hautement monayable. Une alliance selon ses vœux n'avait rien à voir avec celle que je désirais. Celle que je concevais par ma seule vertu donnerait à ma famille un appui qui lui manquait depuis la disparition de son chef et soulagerait ma mère des soucis de mon entretien. La maladie de mon père, l'isolement de nos provinces m'avaient épargné de précieuses années. Moi, son aînée, je faisais figure de vieille fille. Le temps pressait. Ma cadette, Madeleine était déjà mariée avec un voisin d'Étampes et Léonore se préparait à entrer en religion. Restaient Marthe et moi. Mon prochain mariage était le grand sujet qui agitait la ruelle maternelle. Je conçus rapidement la vanité qu'il y aurait à exiger quoi que ce soit en échange de mes faibles appas. La certitude d'être donnée en justes noces à un esprit fin et cultivé aurait pu me fléchir. Une tête bien faite me semblait déjà préférable à un corps avenant. À la rigueur, je voulais bien d'un barbon, pourvu qu'il fût instruit. Tous les accommodements sont possibles avec un être de bonne intelligence. De cela, j'étais certaine. Toutefois, il était clair que je n'aurais pas le choix d'un époux conforme à mes vœux. Je décidai à part moi de rester fille.

On parla un moment d'un baron picard dont les terres jouxtaient celles de Gournay. Un homme massif, rougeaud et court sur pattes, entrevu à vêpres. En quête d'un ventre pour perpétuer sa médiocre race, il avait déjà tué deux épouses sous lui comme un mauvais cavalier fait crever sa monture faute de la savoir ménager. Inutile de songer exaucer de la sorte aucune inclination élevée, nulle vue de l'esprit ou un quelconque rêve d'harmonie ou de félicité. On ne me demandait pas mon avis. J'en profitai pour ne point faire état de mon refus tout net de m'y plier avant d'y mettre un veto que rien ne put fléchir. L'hymen réclamait un oui que jamais ne voulus prononcer. Dieu merci, ses coffres bien trop vides, ses enfants trop nombreux et ma cervelle bien trop pleine avaient tôt dissuadé ma mère d'avoir recours au cloître pour se défaire de mon encombrante petite personne.

M'attendrit le souvenir de la pucelle ombrageuse et rétive que je fus. Seule ma mie Catherine, si elle était encore de ce monde, le pourrait mettre en garde contre l'apparence du vertueux glacis que j'ai très tôt posé sur mes féminins désirs. Ardente au déduit prometteur d'un hymen imaginaire, elle voyait dans le mariage une facilité nouvelle dont le tribut à payer ne lui semblait point si terrible après les contraintes du couvent où son père l'avait longuement maintenue. Sans fin Catherine et moi débattions de la condition faite aux femmes :

— Pour moi, j'opine que mariage et enfantement sont nos féminins devoirs et destinées, déclarait-elle gravement.

— Si point n'y vais-je de plein gré, point n'irai-je du tout. Il y a à suffisance de douces linottes à ton exemple prêtes à se laisser prendre comme alouettes à ce mirail, ce piège où le monde les mène dès la sortie du couvent. Inutile que d'autres, moins ployables, y soient contraintes.

— Dis plutôt que tu as perdu dans tes livres la niceté nécessaire pour avancer vers l'autel en toute candeur et amour ! protestait Catherine, sans du tout se laisser circonvenir.

— Me plier à un vouloir qui n'est pas le mien, jamais !

— Est-il question de ce que tu veux ou de ce que tu crains de ne point obtenir ?

— Mais tu parles d'amour et moi de mariage. Ce qui me révolte, c'est cette loi matrimoniale inique. Me faudra-t-il subir, muette et d'une apparence résignée, une intimité affreuse avec l'homme que m'aura imposé la maigre fortune familiale ? Trop bien sais-je que ma beauté ne me tiendra pas lieu de dot.

— C'est moi qui parle mariage et toi qui cherches l'amour. Tes refus vertueux ne sont que brûlants aveux ! Je gage que ta librairie rendrait les armes à l'esprit sans du tout marchander.

— Certes, un esprit bien fait le serait pour me plaire. Si quelque Montaigne venait, eût-il trois fois mon âge. Mais à quoi bon rêver ? C'est sans espoir.

— Combien suis-je heureuse de ne point savoir lire si est-ce là tout le bonheur que tu trouves dans tes livres. Pour moi, je préfère m'aventurer sagement en mariage. Point n'y serai tant seulette que toi en ta librairie. Et le diable s'en mêle si je ne parviens promptement à trouver grâces aux yeux de celui que l'on me donnera pour époux.

La discussion m'échauffait d'une indignation qui demeure jusques à ce jour d'hui. Nous disputions à l'envi durant les interminables après-dînées passées à ourler nos linges nuptiaux. Plus étais-je habile à débrouiller les vers latins que l'aiguillée de ma broderie. Ma maladresse attendrissait la douce Catherine qui me donnait la main afin que ma mère ne me grondât point. Mais elle ne parvint jamais à me convaincre de ma féminine vocation à tirer l'aiguille ni à me marier.

Ronds étaient nos visages et ronds nos deux esprits, ai-je écrit ailleurs. L'avenir nous donna raison à toutes deux. Elle d'avoir trouvé son bonheur dans un fructueux hymen avec Monsieur de Rasgny, moi d'y avoir renoncé avec une légitime obstination. Chacune trouva sa liberté à sa porte.

Pour moi, le mariage était un état contre nature. Je n'en démordais mie. L'intervention du prêtre m'était plus suspecte encore que tout le reste. Le lien qu'il nouait, pour être divin, n'en était pas moins administré avec une coupable légèreté. De mon point de vue de fille, c'était un serment de dupes pour ce qu'il ne tient aucun compte de la conscience et des réticences de la partie qui, si l'on y songe, offre dans cette affaire le plus d'elle-même. J'opinais que l'usage voulant que s'apparient hommes et femmes pour la bonne perpétuation des familles et des noms présidait seul à ces cérémonies païennes dont je me résignais mal à devenir la victime expiatoire, puis le vase sacré. Non que je prétendisse à être un modèle pour mes sœurs ou les autres femmes, mais bien à ce que l'on ne m'obligeât point à me plier à leur image. J'étais vierge, mais non sotte. De la nuit de noces, je ne pouvais que deviner à demi-mot les usages par quelques lectures trop peu explicites ou les allusions ricanantes des servantes. Les cuisines bruissaient d'histoires désolantes. Filles suicidées ou folles à enfermer d'avoir été faites femmes à la brutale.

Comment accepter que mon corps soit livré aux désirs d'un parfait inconnu, sans autre prédicament que ses instincts bestiaux, avec pour seuls nœuds un contrat de mariage âprement disputé et une bénédiction divine dûment rétribuée ? Comment maîtriser mon esprit affolé par cette intrusion à laquelle je ne pourrais lors me dérober ? Le sacrement du mariage autorisait une scène que rien ne justifiait, fors l'amour. Quant à trouver l'amour chez un mari, autant chercher des perles en ouvrant un douzain d'huîtres ! Je refusais de tout mon être ces noces sans inclination que je devinais confusément faites de violences et de pudeurs bafouées.

On croit les filles vierges occupées de rêves sages et candides quand elles passent leur temps à se demander ce qu'il adviendra dans cette nuit obscure où leur apparente tranquillité volera en éclats. Le

51

silence d'une vie ne suffira pas à effacer la stupeur qui empourpre les joues des femmes dès qu'elles sont contraintes d'y faire allusion. Ma mère me livrerait comme je serais censée livrer mes filles le moment venu. Ainsi va la roue du monde qui nous traverse et procrée sans trêve la chair de la chair, en une monstrueuse mécanique dont le mouvement nous dépasse.

Les lumières de la raison dessinaient avec une effrayante netteté les compromissions et accommodements que je devrais prendre avec un mari qui aurait sur moi, quasi à la romaine, droit de vie et de mort. La pensée de la servitude du corps que suppose un mariage sans inclination, de la soumission inique imposée aux filles, me tenait raide éveillée des nuits entières sur l'étroite couchette que j'occupais alors dans la garde-robe maternelle.

Dieu merci, en dépit de mon âge tendre, étais-je capable de regarder autour de moi : la maternité promise comme un accomplissement en récompense de cet asservissement m'apparaissait fallacieuse, pleine de périls et de chagrins. Pas une semaine ne se passait sans que l'on entendît parler d'une jeune femme ayant péri en couches, d'un enfançon mort prématurément. À telle enseigne qu'il n'était guère de bon aloi d'afficher trop vite son attachement à sa descendance. Et je lisais la terrible hantise de souffrir mille morts de leur perte dans les réserves que met Montaigne à l'amour que l'on doit porter à ses enfants nouvellement nés. Qu'un père pût s'en détacher par la raison, soit. Il donne en la naissance si distraitement de lui-même ! D'une mère à qui la mort a ravi l'âme de ses entrailles, je l'imagine mal.

Le moindre rû me retenait dans d'insondables rêveries. J'aspirais à être la pierre qui partage les eaux et résiste, immobile, dans le lit du courant, ne le cédant qu'à l'érosion du temps. Encore aujourd'hui, je ne renie rien de mes rébellions juvéniles et je me bénis de n'avoir pas cédé aux pressantes admonestations dont je fus alors l'objet.

— Un époux saura bien t'empêcher de lire ! menaçait ma mère, jugeant sans doute que seul l'hymen ramènerait à une juste mesure cette fille inconcevable, férue de lettres et de philosophie comme d'autres le sont de robes et de rubans.

Elle tempêtait et se désolait, emplissant ma vie de plaintes et de reproches incessants qui me brisaient la tête. En vain. Les arides gâtines du célibat dont elle me faisait un tableau d'effroi me peignaient tout à rebours un havre de paix où dévider mon temps entre mes livres et mes chats, sans demander aux Parques d'y croiser jamais d'autres fils que les miens. Cy je fis.

6

Depuis, j'ai souvent plaidé la défense et illustration de la liberté des femmes qui devrait à mon sens égaler celle des hommes. Rien ne s'y oppose en soi, si ce n'est cette affectation ridicule de nous croire plus débiles que nous sommes. Les sursauts des remords qui mirent saint Paul à bas de sa selle sur la route de Damas nous atteignent encore de la particulière rancœur qu'il garda à la gent féminine de sa propre faiblesse.

Les hommes nous font déjà grand honneur quand ils nous jugent capables d'égaler le dernier d'entre eux. Position intenable qui m'indigna dès que j'en eus conscience. J'en tiens pour ma part que si les femmes sont inférieures aux hommes, c'est par défaut d'instruction et non par capacité de nature. Quant à prendre la défense des femmes en rendant aux mâles le change de leur orgueil et nous décrétant d'une force supérieure en tout, n'y comptez point avec moi. Ainsi que je l'ai dit ailleurs, en mon *Discours de l'égalité des hommes et des femmes* : « Il n'est rien de plus semblable au chat sur une fenêtre, que la chatte. »

Mes coups de griffe à ce sujet sont fameux et plus nécessaires que jamais, en un temps où je vois les hommes si enragés à réformer le monde à leur idée. Ne voilà-t-il pas que, fatigués d'amender un à un à grand'tracas les innumérables vocables de notre langue française, ils imaginent se reposer de leur tâche en s'attaquant à notre caquet domestique dont ils se couperaient la langue plutôt que de reconnaître qu'il les attendrit en privé ? Les derniers mots en date tués dans l'œuf de la conversation académique sont ces diminutifs et petits noms d'invention par quoi nous savons mettre du sentiment en nos discours les plus ordinaires. À les en entendre, nous ne dirons plus sans pécher mortellement contre le bon goût, les *mon cœur*, *mon âme*, les *menon* et *menonette*, les *peton*, *menotte*, les *petiot*, *poupon*, *fanfan* et autres menues tendresses verbales qui nous montent spontanément aux lèvres dans l'effusion de l'instant. Quoi ? Tout notre vocabulaire familier jeté au puits parce que nos amers censeurs y entendent, à juste titre, nos baisers sur la peau des mots ? Et s'il nous plaît, à nous, d'embrasser ceux que nous aimons d'un roucoulement de syllabes tant absurdes qu'aimantes ? Avons-nous jamais prétendu les inscrire dans leur canonique Dictionnaire, aussi prude et rébarbatif que leurs mines de Caton ? Certes non. Mais ils prétendent y graver l'usage du français dans

son intégralité. Quelle fatuité! Quelle illusion!
Quelle pitié d'en être réduits à leur langue congrue!
Passions, tendresse, nuances, tout ce qui ne tiendra
pas en la page étroite de leur morale de sophistes
outrepassera la rectitude de leur définition très limi-
tée du monde, en sera impitoyablement banni. La
laide engeance que ces lexicographes aveuglés par
leur propre insuffisance! À croire qu'ils ont la cervelle nouée avec leurs aiguillettes! Nous faudra-t-il
faire le deuil de ces propos de velours par quoi les
amants s'apprivoisent, les douces habitudes s'instal-
lent, les époux se réconcilient, les enfants se rassu-
rent et les maisonnées se règlent dans une honnête
intimité? Quand on veut interdire ce tendre babil
d'un mari à sa femme, d'une mère à son enfant,
d'un serviteur à sa maîtresse que dois-je penser?
Qu'après nous avoir virilisé, émasculinisé la langue
à outrance en ridiculisant ses traits les plus intimes,
en assassinant ses mots les plus chauds, c'est notre
féminine personne qui se verra exclure tout aussi
vertement de la conversation des salons, de la lecture, de l'écriture et de l'édition des livres, et ren-
voyée à ses chaudrons, aiguilles et chapelets.

Quand je vois mes belles précieuses se piquer au
jeu et renchérir sur les impuretés indésirables de la
langue, je voudrais leur crier casse-cou. Demain, au
prétexte que la tête féminine n'est point faite pour
les austérités de la réflexion et le sérieux de la philosophie, l'académie leur claquera le dictionnaire sur

leurs doigts fuselés et elles seront confinées aux offices et boudoirs dont les hommes se repentent amèrement *in petto* de les avoir laissées sortir. Sauront-elles seulement donner à leurs filles l'éducation qu'elles reçurent de mères soucieuses de ne point les voir réduites à l'ancillaire condition en laquelle les hommes nous esclavagent ? Songeront-elles à prodiguer cette instruction à d'autres, moins bien nées ? Si elles négligent aujourd'hui de défendre et de répandre le droit de s'instruire que leurs mères ont gagné hier pour elles, tout sera à refaire. Au demeurant tout reste à faire, car notre cohorte de savantes est peu étoffée. Rares sont les femmes que leur noblesse, leur richesse ou leurs alliances tiennent quittes d'obéir au sort commun qui les veut niaises à douze ans, belles à quinze, mères à dix-sept, résignées à vingt, vieilles à vingt-cinq et dévotes à trente si elles ont survécu. Rares sont les femmes fortes assez pour résister aux trompeuses images de félicité conjugale qu'on leur dessine pour unique destinée. Rares sont les femmes auxquelles ce siècle l'autorise. Encore le payent-elles de la perte du bonheur simple d'être soi corps et âme. Prétendent-elles à l'âme ? Il leur faut renoncer au corps, accepter d'être exilées en la geôle dorée des salons où il leur est permis de briller en cage. Il est un temps, fort bref, pour en sortir et c'est celui du mariage. Hors l'entrave, point de salut. Monsieur Corneille pourrait bien nous rimer une *Illusion comique* sur ce théâtre où nos matamores jouvencelles croient pour de bon triompher des hommes quand ils s'amusent à les assiéger et à les aveugler en leur tendant un miroir où elles se voient puissantes quand elles sont leurrées à mourir. Les excès de réthorique dont ces Messieurs entourent leur fausse reddition, en ces temps où il n'est pas d'usage d'appeler un loup un loup, les illusionnent sur les risques de se faire croquer et réduire en cendres si elles s'avisaient d'y croire de trop près.

Car les meilleurs des hommes gardent toujours un doute ontologique sur l'intelligence, la connaissance, voire l'âme des femmes. Ils retrancheraient volontiers la moitié féminine de la terre, outre du dictionnaire, s'ils pouvaient prétendre être nés de leurs pères exclusivement et engendrer leurs fils sans notre secours. Qu'ils adorent ou abhorrent cette chair trop tendre dont ils sont issus, ils s'évertuent à l'oublier avec le même résultat : limiter la part des femmes en leur existence et société. Certains en gardent rancune à toute la gent féminine et la blessent à plaisir, d'autres l'ignorent à la superbe, ou cherchent à l'écraser de leur morgue. Et je vois souvent, au cours de nos discussions, surgir l'enfaçon tardivement furieux d'avoir été trop aimé ou trop ignoré de sa mère sous la moustache en bataille, l'œil belliqueux et la réplique mordante de l'homme mûr.

À moi qui n'ai ni mari, ni enfants, ils pardonnent mes bizarreries à condition que je n'aille point me mêler de défendre ce que je ne suis pas censée

connaître : les mots de l'amour conjugal ou maternel. Je voudrais bien les détromper. Peine perdue.
Sur ce point, hommes et femmes sont égaux. Me
supposer un cœur, voire un ventre, là où ils voient
tous un pur esprit leur paraîtrait du dernier incon-
gru. Ma condition de vieille fille les rassure quant à
l'impossibilité de jouer le même rôle sur les deux
scènes de l'esprit et de la féminine séduction. Fille
de Montaigne est mon seul titre. Comment leur
avouer que cette haute position n'a point toujours
suffi à mon bonheur, que je l'ai payée d'une terrible
solitude ?

Au demeurant, ma réputation de pucelle rassie me
convint tout à plein dès que j'en eus compris les
avantages. J'en profitai sans vergogne. Elle m'évita
maints déplaisants chaperonnages et moi seule sais
ce qu'il en est vraiment. L'âge m'a donné des libertés
que je n'ai plus ni le besoin, ni l'occasion de prendre
secrètement. La consolation est un peu amère, mais
je joue à cligne-musette avec mon entourage. Ma
cour folâtre de poètes bottés a beau se croire spécialement décrottée et moi, livrer un front imperturba-
blement uni et lisse à ses discours à double battant,
je me divertis fort de leurs allusions grivoises dont ils
s'évertuent à me masquer le sens caché. J'ai quelques
lumières sur le sujet dont je me garde bien de leur
laisser percevoir les éclats. Ma vertu, toute parangon-
née de mon indéfectible dévotion pour Montaigne,

reste au-dessus de tout soupçon. Du moins le supposé-je.

Car sous mes dehors fanés demeure assez de prestesse pour tendre mes vieux appas sur d'éternelles cordes et donner à ma conversation la rapidité, l'acuité, l'audace, la fraîcheur propres à retenir les cavaliers et exaspérer les dames. Ces attraits périmés opèrent encore à miracle. Mon aimable voisin Michel de Marolles, abbé de Villeloin, s'en amuse fort. Ce cher ami a coutume de me faire mille picoteries et me rappela hier que mes soixante printemps étaient quasi sonnés quand on me taquina sur les visites fréquentes du jeune duc de Réthelois, fils aîné du duc de Nevers et pupille de son père, Claude de Marolles dont il tenait l'histoire :

— Assurément, Marie, la rumeur vous désignait comme son divertissement favori et se murmurait chez Madame de Longueville, sa tante, qu'il n'y avait point de dame dont cet homme, connu pour ses humeurs galantes, quittât sur-le-champ la compagnie si l'heure de s'entretenir avec vous avait sonnée.

— Aurais-je dû lui interdire ma porte pour sauver ma virginale réputation ?

— Parlez plutôt de sauver votre peau ! À peu, ma chère, que vous fussiez jetée au bûcher pour sorcellerie, à ouïr l'assemblée des péronnelles présentes céans prendre ombrage d'une si insolite concurrence et se répandre à la vipérine à votre encontre.

— Faible pasquinade de chétives pécores ! Belle rivale et grandement redoutable leur étais-je quand je portais déjà sur mes épaules creuses deux fois et demie leur âge !

— Tant creuse était leur cervelle que vos épaules, ma mie. Et l'âge passant qui remplissait à merveille votre célèbre tête au point de ravir leurs galants, vidait à proportion leurs avantages. Où en sont-elles vingt ans plus tard ? L'oubli les a emportées quand les salons bruissent toujours de la renommée de Marie de Gournay. D'aucuns raillent encore sur l'assiduité du petit Le Vayer et de maints autres seigneurs à vos savantes après-dînées. Avouez que votre escalier résonna toujours davantage du bruit des bottes et des mâles voix que du frifilis des jupes et du caquet des donzelles.

— La grand merci, Marolles. Vous voilà trop aimable. Ainsi donc se trahit au grand jour mon goût pour les fins cavaliers à l'esprit acéré. Vramy, il était temps pour moi d'aiguiser à la parfin les jalousetés féminines !

— Sans doute est-ce là ce qui se nomme la beauté du diable ! lança Marolles avant de s'ensauver, secoué de rires, évitant de justesse ma pantoufle que je lui jetai à la tête.

Fautive j'étais, fautive je suis. Je plaide coupable d'avoir désiré un destin hors de l'habituel lot des filles de mon temps et de ma condition. L'intérêt m'en fut compté avec usure. Qu'on ne s'y trompe

point. J'accordais aux autres femmes tous les privilèges de la frivolité. À la condition de n'être point
forcée de les imiter à la grimace. Ma complexion
particulière me portait à laisser ma pensée gouverner
mes actes. Si peu fille dans mon goût des choses de
l'esprit. Si peu conforme, déjà, à l'image que j'aurais
dû donner de moi. Singulière tare pour une noble
demoiselle que de réfléchir au *cur* et au *quia* de sa
présence au monde. Singulière destinée pour un
jupon que d'avoir préféré les œuvres de l'esprit à
celles de la chair, hors de toute religion. Singulière
ambition pour une féminine cervelle que d'affirmer
tout haut l'égalité des hommes et des femmes. Singulière séduction pour un jeune Réthelois, lassé des
répétitives sublimités de l'amour quand les plati-
tudes d'une tête mal dégrossie, aussi belle en soit
l'enveloppe, le font retomber comme gâteau manqué
au sortir du four chaud. Les romans de salon et les
précieuses convenances sont un tiède brouet si l'esprit ne vient point les assaisonner d'importance.

Or la tiédeur n'a jamais été mon fort. Ni l'humilité. Ni l'obéissance. Mais l'insolence, mais la curiosité, mais l'ambition passionnées de m'appliquer à
comprendre le grand farrago de la pensée humaine,
sans distinction d'époque, ni de sexe.

7

Tout soudain, j'appris, deux mois plus tard, que Monsieur de Montaigne s'encontrait, bien vivant, à Paris, faubourg Saint-Germain. La nouvelle me transporta d'allégresse à la mesure de l'affliction où m'avait plongée la fausse annonce de sa mort. Riant et pleurant tout à la fois, je menai un capricant menuet autour de ma chambre, son livre contre mon cœur, poussant des cris d'allégresse, faisant tourner ma robe et ma tête légère. Il ne tenait plus qu'à moi de le voir très bientôt. Une fois de plus, je fus l'objet du scandale dans la maison. Une fois de plus, ma mère parla de m'administrer de l'hellébore aux fins de calmer ces étranges emportements pour un parfait étranger. Déjà, elle m'en avait menacée lors de ma découverte des Essais, outrée des cérébraux transports où me jetait cette lecture à laquelle elle ne saisissait goutte. L'admiration dont ils me transirent m'avait fait réputer visionnaire. Il fallut que je produisisse le brevet de haute sagesse que le savant Juste Lipse – les relations de ma mère à la cour lui en confirmèrent l'autorité – avait donné à Montaigne, pour qu'elle me laissât en paix et cessât de me tenir pour folle.

Claquemurée dans ma chambrifime, sourde aux protestations maternelles, je passai les heures qui suivirent à mon écritoire, appliquée à rédiger une lettre propre à m'ouvrir la porte, sinon le cœur de l'auteur que j'admirais tant et tant. Je gâchai force plumes et papier avant de me tenir pour satisfaite de mon ouvrage. Cy lui écrivis-je ce billet dont j'ai gardé copie au plus secret de mon âme :

« Au vrai, Monsieur, quand vous voici céans ressucité, lors que partout la rumeur vous donnât pour mort, la grande joie que j'en conçois vainc à la fin mes naturelles simplesse et timidité. Ores donc j'ose vous écrire du plus sincère de mon étrange affection pour vous. Il n'est point de ma façon de me monter chattemite et patte-pelue. Je donne ma prudence au chat et vous déclare tout à trac une très littéraire flamme dont je veux croire qu'un fort esprit gascon vous gardera de la méjuger avant que de l'entendre.

Aussi bien est-ce votre faute, si je désire ardemment vous connaître mieux, tant est vif et sans fards le portrait que vous faites de vous-même dans vos Essais. Non obstant, ce n'est pas seulement ce que vous peignez de votre personne qui me rend si impatiente de vous voir, mais encore l'étendue incroyable de vos lectures, la richesse et la diversité de votre librairie dont j'ai deviné maints titres qui en font l'ornement entre les lignes de vos deux livres. Tout juste sais-je assez de latin et de grec pour vous suivre, mais à vous lire, j'ai entrevu l'immense abattée de la pensée humaine. D'autres vastes ouvrages, d'autres désirs d'en savoir davantage me sont advenus, dont je vous suis, quoi qu'il en soit, redevable, et d'une reconnaissance infinie.

Agréerez-vous l'hommage insolite d'une demoiselle picarde comme vous le feriez d'un damoiseau, un peu vert mais tout à fait réfléchi, dont le sexe et la jeunesse n'augurent pas tant de folie et d'inconséquence qu'il serait logique de lui prêter sur la seule foi des apparences ? Si je pouvais échapper, fût-ce une fois dans ma vie, à la maudite réputation qui veut ma féminine complexion si inconstante et peu crédible, je voudrais que ce fût céans, grâce à vous. Pour être femme, je n'en suis pas moins réfléchie et pénétrée de l'importance de vos écrits dont je fais grand cas, ainsi que de votre personne.

Ainsi vous ai-je lu, Monsieur, et, crois-je, fort bien. Non que je prétendisse aucunement à cette accointance libre et volontaire où, comme vous le dites, les âmes eussent cette entière jouissance, mais encore où les corps eussent part à l'alliance. Trop sais-je que les écoles anciennes les réprouvent dès lors qu'il s'agirait qu'une femme s'y engageât ou en conçoive le projet. Adoncques n'osé-je seulement en rêver. Mais si je me pouvais croire admise en la familiarité de votre esprit du fait même de m'y être appliquée un si long temps par une attentive lecture, je ne souffrirais de démenti que de votre bouche. Il faudra pour lors que vous me receviez à tout le moins pour me le donner.

Vous fîtes l'apologie de l'imagination. Concevez que la mienne se soit enflammée à l'idée d'une rencontre. M'accorder un moment pour vous faire la tempête d'interrogations que souleva en moi la lecture de vos Essais. M'offrir l'occasion de frotter ma chétive argumentation à la fermeté de votre pensée, de mesurer enfin ce que j'ai laissé perdre de la substantifique moelle de vos livres. Combler quelques-unes des innombrables lacunes de ma lecture par la force d'un dialogue à livre ouvert. Savoir de vous à quels auteurs du passé reporter mon étude pour vous mieux comprendre et suivre aux contrefins de ces Essais dont vous nous donnerez, je gage, encore maintes pages, puisqu'aussi bien est-ce là, si ai-je compris, l'œuvre vitale de votre esprit et le sens même de votre expérimentation en cette terrestre aventure. Voilà toute mon ambition. Y serez-vous pitoyable ? »

Le fils du voisin se chargea de délivrer ma missive et mes compliments. Je laisse à penser dans quelle agitation je me mis tandis que j'espérais sans y croire une réponse à ma demande. Ce que Montaigne disait dans ses Essais des femmes et du rôlet auquel il entendait les maintenir dans le théâtre de la vie n'était point fait pour me rassurer. Mais ma foi en l'affinité de mon âme à son œuvre était inébranlable. Obstinée dans mon attente, je faisais le pari de toucher son auteur, tout grand homme qu'il fût, et moi, infime anonyme, provinciale et fillasse.

Trois heures passèrent. Je désespérais. Mon outre-cuidance l'aurait, au mieux, amusé, au pire irrité sans qu'il songeât un instant à y donner suite. Avait-il jugé que son silence me rendrait mieux justice qu'un refus ? Serait-ce sa manière de m'être pitoyable ? La vraisemblance voulait que cet homme, apprécié des rois et des grands de la cour, célébré comme l'un des plus beaux esprits du royaume, ne s'abaissât point à un commerce hasardeux avec une fillette picarde qui se piquait de le connaître intimement par la seule lecture de son œuvre. Trop bien savais-je que ma lettre, parlant du vrai de moi, sans cérémonie, outrepassait toutes les convenances. Ainsi le voulais-je, refusant que notre amitié, si elle devait être, débutât sous des dehors fallacieux. Pour moi, j'avais à suffisance entendu et lu de lui plus qu'il ne m'en fallait, en sorte que ma considération pour ses singuliers mérites et mon attente de notre rencontre me menassent d'emblée bien au-delà d'une simple accointance et familiarité.

Cy disais-je que je l'avais lu, et c'était pure vérité. Lu et bien lu. Non point de cet œil distrait qui chasse la pensée devant lui comme chien muse, truffe au vent, et oublie la plus captivante senteur pour suivre une autre trace, sitôt perçue. Sa voix sonnait dans ses écrits. J'avais hâte d'en connaître le timbre et l'accent gascon dont il avouait ne s'être point défait. Sa plume conversait avec une fantaisie qui m'enchantait, allant d'un sujet l'autre, dévidant à cru la pelote de sa pensée, évoquant le souvenir de ses lectures et les anecdotes de sa vie. Je n'en perdais miette. Chacun de ses mots pesait son poids de vérité dans l'idée que je me faisais de lui. Il était tout entier contenu dans ses écrits. Ma lettre était destinée à pallier d'un coup l'obscurité de mes origines et l'impossibilité où il serait de se faire une idée de ma personne autrement que par la lecture de ces lignes, tracées de ma main. Le doute m'étreignait.

Remparée dans mon alcôve tendue d'un vieux meuble de pourpre tout empoudré d'usure, je ne pouvais alors que je me regardasse dans le bout de miroir qui me faisait face : s'y reflétaient déjà le rayon de livres qui faisaient toute ma fortune et ma librairie, l'écritoire, la table chargée de papiers et de pommes rousses, le fauteuil où je passais mes heures recluses à lire, la chatte paresseuse roulée dans mon giron, le fenestron qui éclairait ma ruelle des colombines lueurs du ciel de Paris. Rien n'en a bougé, fors l'étoffe. Ce meuble fait pour l'étude et la méditation me dure depuis lors. Il a survécu à mes déménagements, à mes avers et revers de fortune, et j'y mourrai contente.

Le trot des chevaux du gué rythme les petites heures du matin. Une chatte ronronne sous mon bras. Fille de Donzelle elle ressemble à Minette mais n'aura jamais le charme de ma Mie Piaillon. Lignée prolifique de mes gracieuses bêtes de plume qui, plus souvent qu'à leur tour, essuyèrent l'encre de la mienne d'un frôlement discret de leur robe soyeuse. La seule descendance que j'aurai jamais.

Le décor de ma vie n'a, jusqu'à ce jour d'hui, guère varié. Non plus que la silhouette trotte-menu, de jolies proportions, mais plate comme ma main, que le vertugadin ne suffisait pas à étoffer. Quant au visage, pâle et rond, avec un menton pointu de belette en hiver, il valait surtout par l'éclat du regard noir et furieux dont je pulvérise encore trop souvent mes contemporains. À mon goût, la bouche était trop petite, le nez trop fort. Le cheveu châtain, dont la frisure serrée ne devait rien au fer, était tiré en arrière, dégageant un front trop haut pour être agréable. La frivolité n'était pas mon style. L'immobilité ne me seyait mie. Seul, un air général de vivacité et d'impertinence me sauvait de la fadeur. Si ma tournure était modeste, ma cervelle était alerte. Une jeune personne crépitante de saillies et de réparties, vêtue de gros bleu et d'un collet de dentelles. Voilà ce que verrait Monsieur de Montaigne quand à la parfin il m'accorderait un entretien.

Je tarabustai sans miséricorde mon petit vas-y-dire pour m'assurer qu'il avait bien remis le billet en la maison que je lui avais désignée. Il se prêta à mes questions avec la patience que l'on doit à une fille en mal de son galant et me décrivit par le menu le valet gascon et l'antichambre où il avait laissé mes espérances cachetées par l'extravagante foi que je mettais en la connivence et la sagacité du célèbre écrivain pour distinguer ma requête d'une invite grossière. Avais-je assez exprimé mon admiration ? Trop parlé de moi ? Pas assez de son œuvre ? Les questions me piquaient comme mouches à l'estive.

La journée étirait ses heures, interminablement. Nous étions aux ides de mars 1588. Je n'osais bouger ni pied ni patte de notre étroit logis de la rue de l'Arbre-Sec où ma mère avait élu domicile pour être à portée de défendre nos pauvres intérêts auprès des grands de la cour. J'étais donc à même d'en suivre les mouvements et je craignais que le seigneur de Montaigne qui était de ses familiers, ne soit reparti pour Blois avec notre roi Henri le Troisième. Je savais aussi que son cousin, Henri de Navarre, avait séjourné, trois ans plus tôt, en la seigneurie de l'auteur des Essais, festoyant et chassant chez lui deux jours pleins. On le prétendait fort engagé dans les parleries qui tant échauffaient le Louvre pour convaincre Navarre d'abjurer la foi réformée afin de devenir l'héritier du trône, faisant courir en Paris moult processions de ligueurs, l'anathème à la bouche.

Quasi résignée à n'obtenir aucun signe de lui, je repris mes lectures, plus solitaire et misanthrope encore qu'à l'heure d'avant. La vie m'était et trop seule et trop lente. Plus ne croyais qu'il vînt à mon secours. En mon ennui, maints griefs j'encourais. Quand tout soudain me parvint sa réponse. Un court billet de sa gasconne façon, m'invitait à lui donner jour pour lui ouvrir ma porte. Car il viendrait, en personne, en mon logis, me visiter dès le lendemain :

« L'heureuse nouvelle de ma résurrection m'a pour tout dire étonné quand et quand l'intelligence que vous montrez de mon propos et de mes écrits. En ma Gascogne natale, je passe surtout pour inégalable dans l'art de faire des ricochets dans l'eau. Si ceux de ma pensée ne vous effraient point, comme il semble, je serai heureux de fêter avec vous la double joie de la rencontre neuve de deux esprits bien faits et de ma bienvenue survivance. Car l'écho trompeur avait quelque reflet de vérité : à peu que je ne mourusse pour de vrai en des circonstances dont je vous dirai le secret dès demain si vous le désirez comme moi, aux lieu et heure de votre convenance. »

Bouleversée de toucher au but, je parcourus notre logis d'un œil neuf. Laissant l'office et l'écurie ouverts sur le pavé de la petite cour du rez-de-chaussée, nous occupions trois étages et les combles d'une maison fort étroite où chaque palier ne comptait qu'une chambre doublée d'un cabinet obscur. La salle du premier, éclairée par deux hautes fenêtres, était tendue de tapisseries des Flandres et de Beauvais à verdures et personnages, ornée d'un tapis de Turquie et d'un miroir de Venise récupérés par ma mère en règlement d'une vieille dette. Quoiqu'encombrée d'une lourde table, de vastes chaises et d'un bahut à notre mode picarde, elle ne ferait pas trop mauvaise figure pour recevoir la visite d'un si considérable personnage.

À l'heure dite, après avoir déployé notre meilleure nappe, préparé une aiguière, un flacon de vin d'Anjou et une collation d'oublies et de confitures, je m'y tins seule, arguant des trente et trois années qui me séparaient de mon visiteur pour m'éviter de subir le chaperon maternel. La seule idée de Madame de Gournay caquetant à tort et à travers et se plaignant de ne rien entendre à ce dont nous disputerions m'était un cauchemar. Pour cette prime entrevue, je ne voulais personne entre Montaigne et moi. Elle moins que tout autre. Ma digne mère était une ronde et bruyante personne. Ses moindres faits et gestes étaient commentés par avance et elle n'épargnait rien à son entourage du détail de ses maux et de ses actions les plus infimes. Mais baste, elle se rendit à mes arguments et me laissa le carreau libre.

Mon attente prit un tour curieux : mélange du calme d'avoir obtenu ce que je désirais par-dessus tout et de l'exaltation de confronter l'auteur imaginé de mes lectures à sa personne en chair et en os. Comme si les Essais en pied allaient entrer en ma demeure pour éprouver mes yeux après avoir conquis ma raison. Je trémulais d'angoisse, non de ne point lui plaire, mais bien qu'il ne me plût point. Car, très éloignée de songer en rien à le séduire – me suffisait d'avoir écrit ce qu'il fallait pour l'attirer en mon host – mon désir était d'un tout autre ordre : mon estime de sa personne et de ses écrits était si grande qu'il fallait qu'un homme au-delà des louanges ordinaires se présentât pour lors devant moi. Les Essais le plaçaient si haut que je frémissais qu'il en vînt à décevoir mon attente. Point de demi-mesure. S'il ne la comblait pas toute, elle serait tout à plein déçue.

Pour moi, je ne me souciais guère de la médiocre impression que ma personne pourrait lui faire. C'est la force de mon esprit que je voulais lui donner à connaître.

Je passai une veillée d'armes sur les Essais, fourbissant mes interrogations et recherchant plus que jamais à entrevoir les traits de l'auteur à travers cet ouvrage d'une vie sur lequel, du reste, je modèle, à mon humble mesure, celui que je suis en train de rédiger. Le récit d'une existence, les fragments qui en portent le motif et les plus hautes couleurs rassemblés comme on le ferait des tessons d'une cruche cassée, me sembla toujours préfigurer ce que notre

siècle a peint en « vanités ». Par une singulière inspiration, frisson d'éternité glacée sur un lac cuisant de
jouissances, l'os de la vérité nue dépassant les
manches de brocart qui nous travestissent le monde,
la vanité ose confondre les ors du présent aux pous-
sières du tombeau. Tout y est : les attributs de l'art
et de l'histoire, le miroir de la pensée qui réfléchit
notre mortelle condition, la richesse du savoir
confrontée à l'éphémère durée de la vie humaine, les
blasons de l'esprit et le portrait épars de celui qui
tenta d'en peindre pour le futur les beautés péris-
sables. La vanité est autobiographie, comme le sont
les Essais. La partie dit le tout. Le fragment signe le
tableau. Chaque touche nouvelle en modifie sobre-
ment les perspectives. À ce point que, de cette
œuvre, seule la mort, *vanitas vanitatis*, saura le dernier mot.

8

Enfin Montaigne vint. De l'avoir tant lu, je ne pouvais que je le reconnusse au premier regard. Ma ruelle a vu défiler depuis maints hommes de lettres, tout bardés de célébrité et d'honneurs. Mais jamais aucun ne m'a produit si forte impression que Michel de Montaigne, ce jour de mars 1588 où il me visita pour la première fois.

Point ne mentait dans son second livre, sur sa taille forte et ramassée, un peu au-dessous de la moyenne, son visage non pas gras, mais plein. Il portait moustache. Une fraise étroite, quasi à la huguenote, encadrait sa face avenante et ouverte de Gascon gasconnant. Sa mise sobre, son pourpoint de gentilhomme en satin noir, pour n'être point tout à fait à la mode qui trotte, ne laissaient pas de dégager un air de noblesse et d'allant.

En trois pas, il fut près de moi. Nous nous découvrîmes d'un œil aigu. Il était, lui, au bout de son âge, et moi aux commencements du mien. Il était, lui, assuré de sa gloire, j'étais, moi, convaincue de mon admiration. Quelle chimie subtile ouvrage les grandes rencontres de notre vie ? Le silence prend une résonance singulière, le monde s'entr'ouvre, les questions deviennent des réponses. Un élan subit nous immobilisa face à face. Le feu aux joues et les mains glacées, je tentais de reprendre mon souffle pour prononcer le premier mot d'un colloque dont je sus aussitôt qu'il serait sans fin selon mon secret désir. Il me regardait, intrigué, amusé et quelque peu troublé. Les hommes croient nous celer très bien la nature par trop féminine de leurs émotions. Le sang me battait aux tempes et tournoyait son galop dans mes veines, saccageant jusqu'aux talons ma tranquillité de corps et d'esprit. Il se tenait là, terriblement présent devant moi. Il m'était la vie, la mort, le feu et l'eau. Tout à la fois je brûlais et me noyais, concevant soudain ces extrêmes mêlées de sensations éperdues dont parlait le sonnet de Louise Labé, ma sœur en poésie. Souvent, je m'étais demandé si j'en connaîtrais un jour les emportements. Un désir fou qu'il me touchât me clouait sur place et je le devinais bien près lui-même de me saisir la main pour s'assurer qu'une mystérieuse attente avait soudain pris forme. Vit-il son livre ouvert sur la table, ses pages foulées par ma lecture, emplumées de signets pour y retrouver mes notes ? Vit-il la pâleur nerveuse de mon attente et l'éclat non moins intense du plaisir de le découvrir tel qu'il se peignait ? Au premier regard, il pénétra l'extraordinaire de cette rencontre, sut tout de moi, me saisit d'emblée différente, me décida son égale en esprit sinon en âge et en sapience, porta très haut l'ambition de notre débat et délaissa les ampoules de la courtoisie pour un parler du vrai de l'être dont nous ne nous départirions plus.

Assis face à face, dans une intimité dont je n'aurais osé seulement rêver l'avant-veille, nous avons causé sans perdre une once de temps à bavarder pour ne rien dire, fût-ce pour les civilités d'usage expédiées à la cavalière :

— Vramy, demoiselle, quand je résolus de me retirer au sein des doctes vierges pour écrire mes Essais, point ne m'attendais à en rencontrer une et en ce Paris marmiteux et d'un âge si tendre et si fine à m'entendre et si hardie à me requérir audience.

— Hardiesse dont vos Essais donnent licence à vos lecteurs, Monsieur. Car votre voix sonne à toutes les pages et nous devient vite familière, nous invitant à croiser sans trêve, d'égal à égal, le fil de votre texte et celui de notre pensée. Et si d'aventure la tâche trop ardue risquait de nous fâcher, il nous suffirait encore de vous suivre à la lettre du chapitre dix de votre deuxième livre, auquel je marque une particulière prédilection. Vous nous y accordez fort aimablement de n'y entendre goutte, ou, à votre exemple, de refuser de nous y ennuyer plus que de raison. Aussi dois-je le dire bien haut. Avant vous, je savais mes lettres, mais il a fallu les Essais pour que j'apprisse à lire pour de vrai.

— Quelle pénétration venant d'un esprit si verdelet ! Lire est œuvre solitaire autant que l'écrire. Chacun y doit mettre du sien dans ce dialogue imaginaire de l'écrire au lire auquel je prends plaisir, sans espérer de réplique. Car point ne m'illusionne sur la qualité de la lecture qu'on me fait. Rares sont les vrais lecteurs labourant à moissonner toute l'étendue du champ de la pensée et se piquant d'ajouter leur glane d'observations à celle de l'auteur. En ces sommets périlleux où me mènent mes raisonnements, l'écho n'a coutume de me renvoyer d'autre voix que la mienne. Aux premières lignes de mon livre troisième dont je gage que vous prendrez pareillement plaisir à le lire bientôt, puisque me voici en Paris pour le faire imprimer, j'avoue parler au papier comme au premier que je rencontre. Le miracle est que le papier tout soudain me réponde par votre voix. Parlez, Marie, parlez encore !

Les deux termes opposés d'un oxymoron que réunit la main du poète dans une formule lapidaire, un précipité d'émotion poétique, ont cette résonnance de l'un à l'autre, cette obscure clarté qui leur donne un éclat neuf en ne modifiant rien de leur substance profonde. Un flux d'intelligence passait entre nous sans qu'il fût besoin de paroles superflues. C'était bien lui. C'était bien moi. Tout nous opposait. Tout

nous réunit. Il se savait lu. Et en vérité, je le connaissais de longue date. Par quelle élective affinité
comprit-il que cette lecture me faisait sienne pour
jamais ? Gardienne d'un temple qu'il avait édifié en
sauvegarde de sa pensée et de sa vie, vestale d'un
tombeau où il s'était enterré vif et dont il ne devrait
à personne que lui-même la littéraire épitaphe. Sut-
il dans l'instant que je saurais faire pour lui ce qu'il
fit pour son ami La Boétie ? Après sa mort prématu-
rée, Michel s'occupa de la fidèle publication des
rares et précieux écrits qu'Étienne lui avait confiés.
Assurément. Qu'ai-je fait du reste de mon temps,
sinon me consacrer à la minutieuse publication des
Essais de Michel de Montaigne tels qu'il les laissa
derrière lui pour être remis entre mes mains ?

L'esprit reprenait ses droits, me tirant hors du
remous de mes émotions. L'heure était d'un nectar
unique et j'étais bien décidée à ne point la laisser
s'écouler sans en goûter jusqu'aux tréfonds le plaisir,
si parfait d'être si rare. Le temps ne nous durait
point, tant notre avidité à comprendre le pourquoi
de notre singulière connivence nous rendait pareillement insatiables. Il voulut tout savoir du studieux
chemin qui me conduisit vers lui. Je lui contai ma
médiocre position d'aînée des six enfants de Guillaume de Jars et de Jeanne de Hacqueville, l'isolement où était notre terre de Gournay en Picardie,
l'aversion de ma mère pour mes penchants à l'étude,

les longues heures retranchées où j'appris seule les lettres, le latin et même un peu de grec. Ma méthode d'apprentissage lui arracha des exclamations et il me fit mille questions sur ma façon d'étudier les langues anciennes sans maître ni grammaire et sans autre aide que de confronter le texte original à sa traduction française. Celle des *Vies de Plutarque* par Amyot m'avait enchantée et il approuva mon choix, si déconsidéré à l'heure qu'il est. C'est alors qu'il me parla de Juste Lipse comme d'un nouveau Thalès avec qui il entretenait une correspondance et m'invita à faire de même en me recommandant de lui, m'assurant que j'y aurais grand plaisir et profit.

Il rit beaucoup quand je lui avouai comment l'exaltation mentale et la nuée d'interrogations levées en moi par les Essais laissèrent croire un moment à mon entourage qu'une folie douce m'avait saisie :

— À dire le vrai, toute autre fille que vous aurait sans doute mieux fait de prendre de l'hellébore que de poursuivre semblable lecture ! s'exclama-t-il gaiement. Savez-vous qu'en mon climat de Gascogne, on tient pour drôlerie de me voir imprimé ?

Mon rire faisait écho au sien. Notre devisement avait l'éclat et le jaillissement des truites au torrent. Son accent des bords de Garonne résonnait sous les caissons de notre plafond qui jamais n'entendit pareil dialogue. Las, il m'aurait fallu posséder le secret de la conservation des paroles gellées du *Quart*

Livre de Rabelais afin d'en garder le sel, les couleurs, le verbe intégral. J'en aurais dégelé de temps à autre un petit morcel pour le bonheur d'entendre derechef sa voix si aimable. La nature et le mordant de son style étaient bien ceux de son parler souple, rond et sonore.

Il me disait tout ce que je voulais savoir avec une grande débonnaireté et je l'écoutais sans me lasser :

— Ainsi le bruit de ma mort courut en Paris ? s'enquit-il sans celer sa satisfaction.

Car les échos des rives de Seine ont peu d'oreilles pour qui vient de celles de Garonne. Il y faut, me dit-il, un furieux mascaret. Qu'est cela ? Un fort courant marin remontant avec la marée le cours de sa rivière et le gonflant, plusieurs fois l'an, en une longue vague bondissante, à rebours du sens naturel de ses eaux limoneuses. Démenti sur l'impossibilité de voir deux fois les mêmes eaux courir au lit d'un même fleuve, le philosophe s'en retournerait à moins méditer sur la vanité des savoirs humains confrontés à si capricieuse nature. Notre Seine court son cours étroit sans en perdre une vague. L'humeur des habitants de l'une et l'autre rives s'en ressent-elle ? Il semble qu'en Guyenne, elle varie tout son soul, plus lunatique que les marées, plus meuble qu'un cordon de dunes, plus sauvagine que la lamproie. Insaisissable, il suffit de ne la point vouloir saisir pour s'en accommoder.

Tout à rebours, celle des Parisiens est tant caustique et pétrifiante que basilic au fond du puits dont seul le cru reflet de soi dans un miroir peut venir à bout. Inévitable, elle vous accommode sans façons, pour le meilleur et pour le pire, quoi que vous en eussiez. S'exposer en Paris pour un né natif de Gascogne, fût-il prince de sang, est périlleux et tentateur exercice. Au premier choc du sabot de son cheval sur le pavé capital, il sait qu'une partie s'engage où il ne gagnera d'abord que des coups. Le voici décortiqué, plus nu que nature sous le regard impertinent du moindre marmiton. Son accent est gaussé, sa tournure brocardée. Il doit oublier d'être et ne plus songer qu'à paraître. Les Romains ne sont pas plus raffolés de leur romanité que les Parisiens d'avoir poussé entre ces pavés mal joints, où crasse et sanie sont le terreau fertile des plus extravagantes inventions de l'esprit humain. L'air y est saturé d'un génie particulier auquel chacun veut avoir sa part. Tous les barreaux de l'échelle de Jacob n'y suffisent point à juger un homme. S'y ajoutent *ad libitum* maints degrés inimaginables qui vous portent ce jour d'hui au sommet de leur estime et vous jetteront demain, sans plus de raison, aux tréfonds de leur dépréciation.

Paroles prophétiques dont j'aurais dû prudemment faire mon miel avant que de m'aventurer dans les arènes littéraires. L'édit de sa sagesse ne m'est revenu que plus tard. Trop tard. Nos mots fusaient comme balles au jeu de paume. La répartie ne tardait pas. Et la relance suivait, fulgurante. Si pédants me semblent les lents raisonnements que je dois subir d'aucuns se piquant d'intelligence et ne sachant point offrir à ceux qui les écoutent la saveur un peu âpre d'une maïeutique bien conduite. Notre dialogue convoquait les mânes de Socrate, d'Aristote, de Sénèque, de Tacite et de tous les antiques discoureurs. C'est Athènes et Rome qu'il me rendait, tout en me racontant sa ville :

— N'étant bourgeois d'aucune cité je fus bien aise de recevoir une bulle authentique de bourgeoisie romaine que l'on m'y octroya dernièrement que j'y étais.

— Je vous pensais pourtant maire de Bordeaux et à ce titre premier de ses habitants par votre mérite et vos écrits.

— Fatale serait l'illusion de m'y croire reconnu pour mon seul mérite ou pis, pour mes écrits. Bordeaux est ainsi faite que la place des pères y détermine celle des fils dans une merveilleuse immutabilité. Les miens furent jurats et prévots de la ville et ma gloire se borne à prendre leur suite. Bordeaux est une haute dame qui exige de ses hommes-liges des gages continus et des soins extrêmes dès lors qu'elle leur a donné l'entrant. Ainsi les femmes scytes crevaient les yeux à tous leurs esclaves et prisonniers de guerre pour s'en servir plus librement et couvertement. Qui veut être heureux en Bordeaux doit s'interdire le monde. Je n'y faillis point, combien qu'il m'en coutât. Montaigne appartient à la famille et la famille de Montaigne appartient à Bordeaux. Libre citoyen ne suis-je que de ma librairie et de mes Essais. Le reste est *impedimenta*, surcroît de charge et vain bagage.

— Être célèbre en Paris ne sert donc de rien en Bordeaux ?

— À peu que ce n'y soit plutôt une tare. Sorte de vanité dont l'importation serait, croyez-m'en, tout à fait déconseillée. La célébrité y sied mieux *post-mortem*. Le gisant plutôt que la statue. La vigne plutôt que l'ivresse. Car l'ironie gasconne, pour avoir moins d'échos que la parisienne, est infiniment plus dévastatrice en ce qu'elle vous néantise proprement ses enfants sans faire le moindre bruit qui pourrait rajouter à celui, intempestif, de leur renommée. La Garonne est un Styx. Qui la traverse pour parcourir le vaste monde doit payer un tribut d'oubli avant de regagner son bord. Il n'y est du reste qu'une rive habitée. Mon modeste fief de Montaigne est un îlot de pleine terre quand on le considère depuis les bords de Garonne. Le désert commence là, tout de suite, de l'autre côté des eaux amples et limoneuses que ne traverse aucun pont. Il y faudrait rajouter un treizième aux douze travaux d'Hercule pour y jeter des arches d'un nombre inconcevable. Une noria de gabarriers charrie les victimes de ces douteux *amors*

de lon'h, amours de loin : voyage, littérature, politique.

Sa main soulignait la courbe du fleuve et l'éloignement de l'horizon. Il racontait Bordeaux, sa ville,
comme une île protégée contre les tentations du
fleuve, une ligne de haute civilité cernée par les eaux.
Sa cathédrale de pierre servait d'amer à son récit :
arc-boutée en guise de fondations sur des pilotis de
bois immergés dans les ténèbres de ses eaux souterraines, elle la résumait toute. Un défi permanent aux
vagues séculaires qui l'apparentent, secrètement, à
Venise. Il décrivait la frontière du port de la lune, à
la ligne infranchissable du fleuve, doublée au revers
d'un désert de marais fiévreux dont les sables mou-
vants mènent à l'océan infini. Pour s'évader de Bordeaux, il n'est, paraît-il, que l'appel du large et les
incertitudes des embarquements de fortune. Cette
géographie peu commune a-t-elle favorisé ici l'enra-
cinement immémorial du vignoble ? Voilà qu'il
citait les vers du poète vigneron, le latin Ausone. Son
vin claret voyage bien, transportant *tras* les monts et
les mers la leçon du cep et de la grave : il faut que
Bordeaux soit ainsi, pierre et caillou posés sur le
sable pour que les tendres règes y plongent et puis-
sent les eaux souterraines, les sucs puissants, les
saveurs gravides. Les meilleurs fûts de la récolte
voguent les océans, sans rien voir des quatre mers
dont ils lestent les plus fortes tempêtes, ou attendent
dans la pénombre immobile des chais le bref éclat

du flacon, l'épanouissement du verre et l'éclosion de la gorgée sublime.

Combien de fois dans ma vie aurai-je levé mon verre sans que nul ne se doute que j'y communiais une fois de plus avec la passion de Montaigne. Qu'essayai-je de retrouver dans mes cornues d'alchimiste qui firent tant jaser les esprits courts jugeant trop vite que j'y cherchais de l'or ? Qu'essayai-je d'y trouver, si ce n'est une autre version de l'alliance, si fort éprouvée ce premier jour, qui convoquait le monde pour témoin du prodige, partout renouvelé, d'une harmonie absolue aux yeux de qui la sait voir.

Écrire et voyager avaient donné à Montaigne une liberté grande, nonobstant le dédain dans lequel ses commensaux et sa famille tenaient ces deux activités qu'il préférait entre toutes. Écrire et voyager. Deux modes de solitude et de méditation que j'ai faits miens depuis. Il me conta encore comment les édiles bordelais imaginèrent de l'élire maire en son absence. Il était parti de Montaigne en juin 1580 pour un périple qui devait le mener à Paris, remettre au roi Henri III ses premiers Essais, nouvellement imprimés. Il le suivit au siège de la Fère et lui demanda son congé à la mort de Philibert de Grammont, époux de leur amie, la grande Corisande. Sans attendre la capitulation, il entreprit une longue chevauchée dont la destination serait Rome après Vérone, Padoue, Venise, Florence et Sienne. Il y fut

reçu en audience par le Pape le vingt-neuf décembre.
Il reprit la route et parcourut la péninsule jusqu'à la
fin de l'été. La nouvelle le toucha alors qu'il prenait
les bains de Lucques. Le premier octobre 1581, il
était de retour dans la cité papale où l'attendait la
missive des jurats de Bordeaux. Il m'avoua avoir
balancé un moment. Ignorer les honneurs qu'il
n'avait point sollicités et poursuivre son chemin ?
C'eût été oublier ce qu'il devait à son nom et surtout
à son père, Pierre Eyquem, qui tint avant lui cette
charge et avant lui s'y épuisa. Mais en sa bonne ville
de Bordeaux comme en sa seigneurie, aux confins du
Périgord, on le voulait en la place que sa naissance et
son héritage lui avaient assignée. Il rentra et se sou-
mit aux nécessités de cette fonction pour laquelle il
se prétendait mal fait.

Sa vie était une charte-partie entre sa librairie, son
fief, sa ville et la cour. Chaque partie pesant sur lui
de force forcée son lot de tracas et de devoirs dévo-
reurs de temps. Le roi s'en mêla, sollicitant ses avis
et le faisant à maintes reprises son particulier messager en ces temps troublés que traversait le royaume
de France. Ainsi travaillait-il sans bruit à raccommoder catholiques et protestants se menant monstrueuse et fratricide guerre civile.

Sa diatribe me sonne encore aux oreilles. Une
véhémente admonestation dont je devais retrouver
la lettre assourdie à la fin du tiers livre des Essais :

— Autant vouloir établir un pont entre deux

rives meubles dont le tracé varie sans prévenir, vous faisant perdre pied là où vous pensiez trouver la terre ferme, et gravir des montioles là où la veille vous connaissiez une vaste plaine. La foi demeure, mais la raison s'y perd. Nous vivons de ces temps sauvages où les religions vouées aux extrêmes par les intérêts du siècle exigent de l'humanité un tribut sanglant pour affermir leurs autels. Des religions, censément faites pour entraîner les hommes à la communion, qui s'opposent furieusement et guerroyent à feu et à sang cités, bourgs et familles, dévastant au nom de Dieu les accointances les plus anciennes, nous jetant dans un branle furieux où l'esprit vacille comme flamme en courant d'air. En ces fortes empoignes, la modération du philosophe en fait le truchement d'un dialogue de sourds, au risque d'être pris pour Guelfe par les Gibelins et pour un Gibelin par les Guelfes. J'y suis le scarabée au pourchas de l'aigle, désespérant souvent de réconcilier l'homme avec lui-même quand je vois les visées trop vastes des grands faire crever les humbles sous la talonnade de la solda-tesque des deux bords. Il nous faudrait un Homère pour dépeindre cette assourdissante Batrachomyo-machie où rats et grenouilles mènent une enragée bataille autour d'un territoire commun dont chacun exige l'exclusive, quand la sagesse voudrait y poser des bornes neuves. Ma voix serait restée enclose en ma librairie si l'honneur ne m'avait commandé d'al-ler qui-cy, qui-là, chuchoter quelques apaisements aux oreilles qu'il faut. Susciter la clémence, combattre la cruauté. Voilà mon seul prédicament. La tentation fut grande de me tenir en l'échauguette de ma tour de Montaigne, laissant le monde s'étriper alentours. La guerre a ses raisons, presque toujours mauvaises. Mais vient le moment où refuser de porter visage de guerre en armant sa garde ne suffit plus. Il fallut saillir hors mes murs pour la protection du repos et de la grandeur de mon pays. La voix du penseur en puissance de paix est tenue pour rien s'il ne sait endosser au besoin le cuir du soldat et se risquer la vie pour aller en ambassade au-delà des lignes ennemies. Là est l'honneur de l'esprit, seul apte à nous sauver de la cruauté où nous pousse la couardise des temps.

Dans le fracas de ces époques barbares où les livres brûlent, où l'esprit n'a que murailles de papier pour s'abriter, concevez-vous, Marie, combien votre missive m'advint à miracle ? Preuve que l'ambition de mes Essais n'était pas inouïe puisque vous l'entendites avec tant de justesse. Preuve qu'il est loisible d'aiguiser le fer par le fer au lieu de le croiser dans des duels à mort. Résigné à disputer de mes pensers avec les seules mânes du passé, travaillant à l'édification des Essais en guise de monument pour l'avenir, je pris votre réponse pour un don du présent. Votre lettre, écrite du droit de l'âme, me fut le présage d'une sorte amitié dont je jugeais être à jamais privé. Comprenez que je voulusse y regarder de plus près.

Point ne résistai à cette flamme où retremper mes fers. Je vins à vous résolu, pour peu que vous y consentiez, à cultiver ensemble cet écho unique de votre lecture à mes écrits, chaque fois que le service du roi m'en laissera le loisir.

Le scarabée au pourchas de l'aigle. Le fer aiguisé par le fer. Voilà qui m'était connu. Vérifier la portée des adages d'Érasme en devisant avec Montaigne dépassait mes plus folles espérances. Mes lectures prenaient corps et vie sur ses lèvres :

— S'il est vrai, Monsieur, que l'homme s'affine au contact de son prochain tel le fer s'aiguise par le fer, que dire de l'esprit d'une damoiselle picarde et comment, après vous avoir beaucoup lu, refuserait-elle de vous voir aussi souvent que vous le voudrez ? À peu que je ne me sentisse telle la puce au pourchas du scarabée ! Puisse l'aigle vous laisser en paix, assez pour que le temps ne nous soit pas avare de tels moments. Et quand bien même, vous me trouveriez prête à toute heure qu'il vous conviendrait de lui dérober pour ce dialogue inédit de la puce et du scarabée.

Il rit, enchanté de me voir relever si aisément la pique érasmienne de son érudition, et m'assura que ce dialogue si bien commencé se poursuivrait en dépit des traverses que les rois ou les hommes y voudraient mettre. La mort elle-même ne le saurait rompre. Il avait lu dans ma lettre la juste réponse aux trois parties que Platon recommande d'examiner pour juger l'âme de l'autre : science, bienveillance, hardiesse. Il viendrait donc me fournir la suite des Essais en chair et en os les jours suivants, puisque j'avais si bien su siffler en paume mon désir de l'entendre. Point n'avait son pareil pour distraire à l'épaisse toile de ses devoirs le fil de son œuvre.

Tenait-il de là cette habitude de laisser courir le flux de ses pensées dans les marges, sa préférence pour les Essais sur les Discours ? Je lui dis l'avoir souvent imaginé dévider, dans le calme de sa librairie, l'écheveau d'une pensée à partir du brimborion esquissé d'un trait de plume sur les bords du papier que sa main tenait durant les longues séances où siégeait la Jurade et qui tant devaient éprouver sa patience. Il m'avisa d'un air curieux et me demanda pourquoi ces imaginations m'étaient venues. À mon tour, j'avouai que l'obligation de celer l'exercitation de mes pensées, trop surprenantes pour une fille, m'avait habituée à garder mes idées et mes lectures dans l'aumônière de ma mémoire, à attendre d'être revenue dans le secret de mon cabinet pour poser mes notes sur le papier, en vérifier la justesse ou en approfondir le sens. Il opina vigoureusement, et je sentis que nous venions de franchir encore un degré dans le sentiment si rare de proximité et d'amitié qui nous apparaissait céans.

9

Qui écrit ces lignes ? L'ombre de celle que je fus, à jours comptés, mais pour l'éternité. L'ombre de la damoiselle qui vivait les prémices d'amours uniques, punies des Dieux et incomprises des hommes. L'ombre d'une femme éperdue d'un si parfait abouchement avec l'homme dont elle prisait ardemment la personne, outre la pensée et les écrits. Tout le rebours de la sotte embéguinée d'une flamme imaginaire, de la vieille prude emberlucoquée d'un grand homme du passé, de la pédante rassottée d'une passion obsolète pour un livre oublié, une langue morte et une époque révolue, que voient en moi les contempteurs de tout poil qui m'ont mise au pilori du siècle.

Par quel prodige mon insignifiante petite personne a-t-elle pu retenir l'attention d'un seigneur de Montaigne ? Ils n'en finissent plus de se poser la question. Esbaubis, déconcertés, interloqués, ils me tiennent pour une amphibologie vivante, un épouvantail de l'esprit. Un vertige d'horreur les prend à l'idée que j'ai reçu de lui mission de veiller à l'édition posthume de son œuvre. Les plus inquisitoriaux me soupçonnent de quelque noire sorcellerie. En faut-il davantage pour ârdre une femelle ?

Quant au titre si doux de « fille d'alliance » qu'il me donna peu après, ils n'ont eu de cesse de me le disputer. J'avoue avoir parfois faibli devant l'âpreté de leurs attaques. Au point de renoncer rapidement à publier ma préface à l'édition de 1595, voire de supprimer les quelques lignes qu'il consacra à notre rencontre en un ajout à son livre deuxième dont mon cœur a retenu chaque mot :

« J'ai pris plaisir à publier en plusieurs lieux l'espérance que j'ay de Marie de Gournay le Jars, ma fille d'alliance, et certes aimée de moi beaucoup plus que paternellement, et enveloppée en ma retraite et solitude, comme l'une des meilleures parties de mon propre être. Je ne regarde plus qu'elle au monde. Si l'adolescence peut donner présage, cette âme sera quelque jour capable des plus belles choses, et entre autres de la perfection de cette très sainte amitié où nous ne lisons point que son sexe ait pu monter encore. La sincérité et la solidité de ses mœurs y sont déjà battantes, son affection envers moi plus que surabondante, et telle en somme qu'il n'y a rien à souhaiter, sinon que l'appréhension qu'elle a de ma fin, par les cinquante et cinq ans auxquels elle m'a rencontré, la travaillât moins cruellement. Le jugement qu'elle fit de mes premiers Essais, et femme, et en ce siècle, et si jeune, et seule en son quartier, et la véhémence fameuse dont elle m'aima et me désira longtemps sur la seule estime qu'elle en prit de moi, avant m'avoir vu, c'est un accident de très-digne considération. »

Tout est dit. Et femme, et en ce siècle, et si jeune, et seule en son quartier, je le suis restée, fors l'âge, en dépit de l'usage qui veut que nos cotillons soient tenus en étroite sujétion par masculine poigne. La publication de ce singulier éloge ne me fut d'aucun secours. Bien à rebours, on fit des parleries infinies sur les féminines ruses dont j'avais dû user par force pour en persuader Montaigne, tant peu semblait naturelle notre alliance et mutuelle admiration si hautement déclarée. À peu qu'on ne l'estimât lui-même au déclin d'un esprit vieillissant et perdu sur le tard d'inavouables désirs. Faute d'oser si grave accusation d'un esprit si fort, on s'en revengea sur ma faible personne qui s'en moque comme de sa première chemise. Tout autre jugement que celui de Michel, dont le cœur me bat encore à le relire, est demeuré sous la semelle, dans la boue des traverses où la vie m'a poussée.

C'est une opinion courante fort curieuse, que j'ai observée maintes et maintes fois chez les hommes, que tout ou partie de leur cervelle tient dans leurs grègues et culottes. Si peu fille étais-je, si peu femme suis-je devenue, il n'en demeure pas moins que je porte jupons. Ces sortes d'esprits chagrins imaginent sans doute là-dessous un monde de vents qui soufflent sur un désert de la pensée et inclinent par nature nos féminines complexions à la déraison. Assurément, un vent de folie a soufflé sur mon existence que ma lecture des Essais avait fait lever. Lorsque je rencontrai Michel de Montaigne, le lien était fait depuis longtemps. Sa pensée avait si bien pénétré la mienne que notre accointance ne pouvait qu'elle confirmasse cette affinité extrême. Si je pus lui plaire, ce fut justement par l'absence de tout vouloir plaire. Bien plus préoccupée étais-je de penser juste et de faire des réponses judicieuses aux milliasses de questions qu'il voulut bien me poser. Voici quelques cinquante années que je survis à ma passion. Ma souvenance de ces heures primordiales a la fraîcheur des couleurs que l'on voit aux toiles des vieux maîtres. Les ans n'y ont aucunement prise.

Un cartel sonna-t-il jamais pour marquer la minute où la navette du temps noue sa trame entre deux destinées ? Je regardais sans le voir le clair rayon du soleil tourner sur le pavage de la salle. Mes heures historiques s'égrenaient d'un carreau l'autre, mais je n'y voyais alors que lumière et promesses. Ma vie commençait. La vie à laquelle je m'étais préparée tout ce temps. La seule vie qui vaille d'être vécue : celle de l'esprit. De ce jour, de cette rencontre tant attendus, je datai avec assurance ma sortie des limbes. Rien n'est venu démentir cette certitude.

Le gnomon a-t-il conscience d'aiguiller le cadran solaire qu'il darde de sa flèche noire ? L'ombre se sait-elle partie du soleil, tirant après elle le rideau de la nuit ?

Montaigne parlait et je l'écoutais, éprouvant avec délices la présence massive de celui que j'admirais entre tous, suivant de tout mon être le cours de sa pensée dont le mouvement de sa belle main soulignait les détours. Je m'abreuvais de ses paroles, attentive, tant me troublait la musique de leur timbre gascon, à ne perdre goutte de leur sens. Si incroyablement familière me paraissait la scène que nous formions tous deux, lancés dans ce grand devisement de notre prime rencontre. Comment aurais-je deviné que la vie me plongerait si tôt dans une ténèbre de solitude ? Comment aurais-je pu imaginer notre dialogue forclos par le ciseau des Parques, croire que s'amuirait jusqu'au souvenir de sa voix et de son visage, que seules me soutiendraient la force de l'écriture et la lecture, jamais achevée, de son grand œuvre ?

10

À l'en croire, il s'en fallait de peu que je l'eusse perdu avant que de l'avoir connu. Dans les temps qui avaient précédé notre entretien, il s'était trouvé au péril de sa vie et c'était miracle qu'il en eût réchappé. La rumeur le donnant pour mort était comme l'écho des violences qu'il avait affrontées avec sa coutumière philosophie : le front serein et l'âme sage, assuré qu'il était de ne pouvoir contrer la mauvaise fortune que d'un bon cœur. Il soupira que la vanité d'être davantage qu'il n'y paraît sans le pouvoir celer au monde tout à fait fut le plus périlleux de l'histoire. Pour lui, il voyageait en gendelettre. Mais en ces temps de guerres civiles, son habileté politique, sa médiation souvent requise par le roi Henri III pour prendre langue avec Henri de Navarre, afin qu'il acceptât de devenir un jour Henri le Quatrième, lui attiraient un tas d'ennemis des deux bords. Les bandes armées des deux factions rivales infestaient les chemins, disputant la prise des voyageurs isolés aux malandrins et vagabonds de tout poil. Son départ serait-il éventé par les ligueurs ? Une cavalcade protestante pouvait-elle être diligentée contre lui ? Combien qu'il eût tort, il prit le risque de se fier à la rumeur d'une trêve entre les deux partis qui se disputaient la capitale.

Dans son bagage, il emportait l'exemplaire des deux premiers livres des Essais, largement épaissis d'ajouts et de commentaires qui en firent, jusqu'à l'heure ultime, une matière vivante. La mutabilité continue de sa pensée y marquait son empreinte comme les plis du drap sur le corps du dormeur qui s'est abandonné longtemps à des rêves profonds. Mais il transportait surtout par-devers lui les pages neuves du manuscrit du tiers livre qui terminerait la première édition complète de ses Essais. Il avait rendez-vous pour la faire imprimer dans la capitale. Son périple n'avait apparemment d'autre objet.

Négligeant les mises en garde de sa famille et de ses proches qui, trop souvent à son gré, le voulaient retenir prisonnier en son castel périgordin, Montaigne entreprit donc le voyage vers Paris. Rien ne lui plaisait tant que de chevaucher ainsi librement par les chemins et les bois. Son ami Pierre de Brach l'accompagnait afin de solliciter quantité de plumes illustres pour le *Tombeau* versifié qu'il voulait rassembler en mémoire de son Aymée, morte un an plus tôt. Tous deux s'accordaient au plaisir de l'aventure. Ils devisaient au pas de leurs chevaux et menaient, me dit-il, un train de sénateur romain, buissonnant qui-cy, qui-là, au gré de leur fantaisie, faisant halte quand le lieu, le sommeil ou la faim les y poussaient, sans hésiter à rebrousser chemin s'il s'avérait qu'ils avaient laissé échapper quelque découverte ou rencontre qui feraient plus tard l'intérêt et le souvenir de cette équipée. Deux bêtes de bât les suivaient chargées de coffres et de porte-manteaux qui faisaient toute leur richesse. Quelques rouleaux de pièces d'or fourrés dans les fontes de leurs selles et leurs précieuses paperolles serrées dans une boîte complétaient ce maigre équipage. Ni gens d'armes, ni valets pour ralentir leur pas, au détriment de leur sécurité. Comme à l'accoutumée, Montaigne voyageait affranchi, le pied léger, à la fortune du chemin. Ainsi ai-je fait à son exemple quand le temps fut venu pour moi de m'y essayer.

Au troisième jour de leur pérégrination, ils traversaient la forêt de Villebois pour gagner Orléans quand une quinzaine de gentilshommes masqués et une petite armée d'arquebusiers les prirent en embuscade. Guelfes ou Gibelins ? Ils l'ignoraient. Une chose est sûre : ce n'étaient pas des bandits de grand chemin. La résistance était vaine. Nos philosophes ne résistèrent donc point et furent pris comme cailles en tirasseau. Mis au secret des fourrés, ils se virent démontés, leurs garde-robes proprement dévalisées, leurs boîtes et leurs coffres emportés, fouillés et pillés.

À ce point du récit, je me récriai d'horreur à l'idée de son précieux manuscrit tombé aux mains de ces malandrins :

— Ah, Monsieur, vous dûtes endurer mille morts de voir votre œuvre en si grand péril de n'être jamais imprimée et tout à plein dévastée et perdue ! Autant brûler derechef la bibliothèque alexandrine !

Le voici qui saute sur ses pieds, franchit d'un pas de jeune homme la distance qui sépare nos chaises et me prend les deux mains avec emportement, redoublant mon émoi :

— Faut-il que vous soyiez la fille de mon esprit pour si bien concevoir ce que je ressentis quand ma boîte tomba aux mains de ces bandits ? Assurément, en ces heures pénibles, plus cruel me fut le sort de mon livre que celui de ma personne. La mort est dans la nature de l'homme. Son œuvre n'y a point de part. Mourir me sera doux si je sais que des mains amies recueilleront les feuillets de mes pensers pour en donner le dernier état à l'impression. Donjons de papiers sont nos bibliothèques. Pierres vives sont nos livres. Fragiles, éphémères, mais inexpugnables d'être si bien reproduits et multipliés qu'un seul incendie, jamais, n'en viendra à bout. La presse sauve nos écrits de tous les autodafés du sort. La perte de mon manuscrit m'eût été des plus cruelles. Revenir sur les pas de ma pensée m'est coutumier, mais non pas sans la trace de mon premier passage. Quand et quand les plombs de l'imprimeur ont donné forme à mon ouvrage, je puis d'autant mieux le remettre sur le métier. Mes pensers encore verts n'étaient que plume et yeux usés sur une poignée de feuilles en grand danger d'être éparpillées. Crève-cœur de les voir s'envoler avant d'être entées au sommet de l'arbre patient de mes Essais que j'élève depuis tant d'années. Moi qui n'ai eu cesse de changer feuille pour feuille, écheniller, élaguer, greffer, marcotter, palisser mes pensers, comme un soigneux jardinier, quand jamais ne distinguai en terre salade d'un oignon. Moi qui, nonobstant mon refus de croire à ces ravasseries, m'abandonne souvent à préférer l'impair au pair, le jeudi au vendredi, y vais de meilleur gré du pied gauche que du droit et déteste voir le lièvre couper la route sous le pas de mon cheval, à peu que je ne m'en voulusse à cet instant d'avoir donné treize chapitres plutôt que douze ou quatorze à ce tiers livre que la superstition rattrapait au détour du chemin.

Les petites heures de la nuit s'égrènent de quart en quart au clocher des Pères de l'Oratoire sous mon fenestron. Et moi de déclore inlassablement les portes de mes souvenirs dans le calme de la cité assoupie, se peut pour m'assurer de n'avoir pas rêvé ma vie avant que de la quitter. Ai-je rêvé ? D'aucuns le diront. Michel a donné plusieurs récits de sa capture. À moi seule il a parlé de sa grand peur d'y perdre l'unique copie du troisième livre des Essais. Moi seule, il est

vrai, ai songé à ce détail essentiel, libérant le récit de
sa frayeur pour l'avoir imaginée en parfaite et entière
amitié dont il eut ainsi preuve prouvée.

Chaque nuit, une plume à la main, je traverse les
eaux limoneuses du fleuve infernal de l'Oubli. Sans
les secours de la musique orphéenne pour enchanter
les dieux, me voici réduite à rechercher dans les
cavernes de ma mémoire l'écho lointain des mots
qu'il prononça pour lors. Il me revient intact. Voici
pourtant un demi-siècle que cette voix s'est tue, que
ce récit se fit, que ce rire me manque. Car ni lui ni
moi n'étions d'un naturel à vaticiner dans l'antre de
Trophonius, l'absolu contraire de la gaieté selon ce
cher Érasme. Nous digressions à plaisir, chacun précédant la pensée de l'autre. Nous riions, nous devisions. L'esprit caracolait, la vie soudain s'emballait,
les frontières de la solitude reculaient. Nous exul-
tions l'un de l'autre. Il poursuivit son récit, assuré
de mon entière attention. La mémoire ne la dément
d'ailleurs pas. Sa figure animée, son ris, sa mine
réjouie, son œil avisé, ses gestes pour souligner son
discours, relever sa moustache nerveuse, lisser les
godrons de sa fraise étroite, le bruissement de son
pourpoint tiraillé par le feu du récit, la senteur de
cuir de son équipage, tout concourt au soutien et
recours de mon souvenir.

— De prime abord, me dit-il, je n'eusse pas
donné un maravédis de notre sort. Mon tiers livre

et l'Aymée de Pierre jetés aux orties, il nous fallut puiser aux plus pures sources du stoïcisme les mines impavides que nous offrîmes à l'adversité. La troupe se disputa à grands cris le butin de nos fontes. Nous parlementâmes longuement sur le coût de notre élargissement. Le quota de ma rançon excita mon ironie. Vramy, fallait-il qu'ils me déconnussent pour la fixer aussi forte. C'était flatteur, mais inutile, comme le leur fis-je comprendre avec hautesse, sans leur avouer toutefois que mon plus cher trésor était déjà entre leurs mains impies. Que m'importait la vie ou la mort si mes derniers essais ne devaient être lus que par les sangliers !

Cette dépréciation obstinée de nos personnes nous mettait par ailleurs en grand péril d'être occis comme quantité négligeable, et je méditai sur l'ironie du sort qui balançait ainsi nos existences au vil poids de l'or. Par quoi je dis bien, en toutes façons, que les événements sont maigres témoins de nos valeur et capacité. Étions-nous oiseaux rares à encager pour en tirer un bon prix, ou méprisables fourmis sous le talon de la destinée ? Quand et quand nos ravisseurs barguignèrent, nous ne démordîmes mie de notre position. M'adressant à voix forte aux capitaines de la horde, les tenant, non sans quelque raison, pour ligueux enragés, j'arguai de la trêve que les partis avaient conclu en Paris, me donnant blanc-seing pour entreprendre mon périple. Par honnêteté, je ne leur celai point que j'inclinais pour un autre parti que le leur, bon catholique, mais moins porté aux extrêmes, sans leur en tenir du tout rigueur. Leur picorée ne suffisait-elle point à les dédommager de l'effort fait pour arraisonner nos deux modestes personnes ? S'ils regardaient à nos boîtes, ils verraient que nous étions écrivains et poètes, bien éloignés des choses de la politique et bien marris de leur être si méchant gibier.

Mon admonestation produisit ses effets. Un mouvement contraire agita les masques. Il me parut qu'ils disputaient. Mon discours nous avait à tout le moins ménagé un délai. Dans un vacarme d'armes brandies et de tonitruantes menaces, nous fûmes garrottés, remis en selle et retirés au plus reculé du hallier qui servait de repaire à nos détrousseurs. Inutile de songer à prendre le mors aux dents. Une ondée d'argolets nous eût tôt assaisonnés d'une mortelle volée de flèches.

— Et par quel miracle trouvâtes-vous une issue en ce funeste aléa ?

— Par un simple miracle de l'esprit. Car l'esprit peut tout dès lors qu'il est ferme et assuré de son bon droit. L'expérience le prouve. La vaillance d'un homme est dans cette fermeté de l'âme et du courage non plus que dans celle de son bras ou de son épée. Attaché à ne point relâcher mon assurance, examinant nos malandrins sans du tout ciller, leur marquant un dédain certain, je leur donnai, avec le penser que la mort même ne saurait m'étonner, la conscience de leur impuissance à me réduire à quia.

Le commandeur de cette troupe picoreuse revint vers moi, masque bas, se nomma, et ordonna que ce qui nous avait été dérobé nous fût restitué. Bienheureusement, ma boîte était du lot. Car d'autres objets s'étaient égaillés dans les poches de la compagnie. Cela fait, il nous rendit notre liberté aussi soudainement qu'il nous l'avait ravie. J'osai m'enquérir de ses raisons. Il m'assura que je ne devais qu'à moi-même, à l'assurance de ma défense et à la franche contenance de ma figure ce revirement subit. Il alla jusqu'à m'avertir d'autres embuscades placées sur notre route. Nous refîmes tant bien que mal nos bagages et reprîmes notre route avec philosophie.

À Paris, sitôt remis des péripéties du trajet, Montaigne se mit en quête d'Abel L'Angelier, son imprimeur. Pierre de Brach le persuada de laisser Thomas de Leu le portraiturer de son poinçon de graveur, mais jamais n'en vis le résultat. Bien plus tard, Pierre me montrerait le sien, paré d'une branche de cyprès dont il drapait mythologiquement la perte de son Aymée, la douce Anne de Perrot. Justes noces s'il en fut. De celles auxquelles je me fusse rendue de bon gré. Car l'amour en était le maître. La beauté fut qu'il gagna. Pierre obtint la main d'Anne de haute lutte, après quatre longues années de tracas et d'orages menaçant leurs juvéniles amours. Onze enfants leur naquirent avant que les dieux, jaloux de tant de liesse, y mettent à l'antique un terme cruel. Le dol de Pierre ne finit qu'avec sa vie combien que dignement la mena, sans en renier un jour, fidèle à ses amours et à ses amis dont je fus. Le bonheur leur dura quinze années. Le mien ne m'a duré que quelques mois en cinq ans, non plus qu'à Montaigne La Boétie.

De cette prime entrevue s'ensuivirent bien d'autres. Avril entier et le début de mai multiplièrent nos cours d'amitié. M'émerveillait la simplesse dont Montaigne faisait montre en tout, parlant à chacun de ce qui l'intéressait sans préjuger de la qualité du sujet. Discourant ménage et courtisanerie avec ma mère, chiffons et marottes avec mes petites sœurs, chevaux et voyages avec quel ou quel de mes frères et chat avec ma chatte. Aimable au point de donner à chacun des raisons de l'aimer, il fut en un tourne-main des habitués de la maison où il avait l'entrant nuit et jour, aux portes du Louvre.

Quoique j'en eusse, le temps me talonnait déjà de son battement infernal. Je ressentais durement, aux ans inumérables dont il m'avait devancée, combien nos jours nous étaient chichement mesurés. Montaigne ne voulait rien entendre à ce sujet :

— Savoir prendre son temps est la première partie en amour, me disait-il. La seconde de même et encore la tierce : c'est un point qui peut tout.

Aussi me glissais-je dans les creux de son temps si bien employé pour de ces entretiens qui tressaient un à un les brins de notre alliance : étrange tiers d'amour que nous eûmes là, moi dans le premier de ma vie et lui dans le dernier.

La leçon m'était douce autant qu'amère. Aussi prenions-nous le temps de nous connaître comme s'il devait nous durer toujours. Je m'y laissais captiver sans ménager ma joie autant que Montaigne était près de moi. Sitôt avait-il tourné les talons que le grand battement de l'horloge me harcelait de questions. Combien nous serait-il donné ? Point n'avais d'autre certitude que la brièveté de sa course. J'en dérobais le moindre instant comme tire-laine croche marguerite au pourpoint du riche badaud. Aussi cette précieuse et clandestine parure me dura-t-elle toute ma vie.

Depuis je m'éveillai chaque matin, souffrant qu'un jour encore, sans lui, me soit donné de noire solitude, un jour encore pour lire plus avant le grand déchiffrement du monde auquel Montaigne s'essaya, un jour encore à tenir hautement notre alliance, un jour encore pour proroger sa mémoire dans l'ingratitude de ce siècle.

11

La nuit blanchit le carreau, mâtines sonnent. Est-il un son de notre vie qui n'ait résonné entre les pages d'un livre ? Me semble entendre coup par coup le Janotus de Rabelais radoter une de ces absurdes sentences par où il met les sorbonagres à la grimace : « Omnis clocha clochabilis in clocherio clochando ; clochans clochativo clochare facit clochabiliter clochandis. »

Le bruit de la nouvelle est toujours plus conséquent que la nouvelle même. Ainsi la rumeur finit-elle toujours par monter jusques à moi comme le tintement des cloches de l'Oratoire voisin, pendue à la corde de l'escalier pentu qui mène à mon grenier de la rue Saint-Honoré. Je tiens salon sans lustre aucun depuis des lustres en ces sortes de perchoirs sous les toits. L'obèle de Montaigne, ma tapisserie de livres et mes cornues d'alchimiste en font la rareté qui le rachète de sa pauvreté. Il fait piteuse figure au regard de l'hôtel de la marquise de Rambouillet, en la rue Saint-Thomas du Louvre, dont je prise fort les luxes de l'esprit, si finement alliés à ceux des sens. Catherine de Vivonne-Savella, impérieuse Arthénice, y règne sans partage pour la beauté et l'intelligence des êtres et des idées. Je fréquentai aussi volontiers, avant qu'il ne fermât, le cabinet plus rigoureux de Madame des Loges, rue de Tournon, où se pressaient moult fins érudits et ne néglige point à l'occasion les précieux samedis de Mademoiselle de Scudéry. En revanche, je tins constamment pour rien celui de la damoiselle des Ursins, vicomtesse d'Auchy dont l'esprit brouillonnant se piquait surtout de méchanceté. Sa seule vertu fut de manquer ruiner dans l'œuf, par pure vanité, l'idée d'Académie dont elle voulait s'approprier le cercle et le privilège. Mais sa sottise échoua à lui donner ce qui eût été un vrai titre de gloire.

Mon salon se fit sans que j'en aie. Il date des temps reculés où Marguerite de Valois, la plus intelligente femme de son siècle et ma très regrettée protectrice, transporta le sien du château de Madrid au bois de Boulogne, en l'hôtel de Sens, puis en son fastueux palais du quai Malaquais. Tel poète ou philosophe qui s'y trouvait hier en favori se faisait demain impitoyablement ravilir et traversait la Seine pour s'en venir consoler chez moi. Si pauvres en fussent l'adresse, le meuble et l'ornement, point n'éprouvai-je, ainsi que Madeleine de la Ferté, la nécessité d'en abriter l'absence de dorures sous des lambris de fortune en un recoin de l'hôtel de

Nemours ou de Soissons. Il y a du ridicule à mendier asile en une riche maison pour parer sa personnelle pauvreté du reflet aurifique de l'opulence d'autrui. Jamais je ne m'y résolus.

Pour moi, l'esprit et la conversation y suffisent. Point n'ai besoin de dessus de portes. L'état de mes finances, grevé des charges de mon innumérable fratrie, n'a guère varié. Je n'ai cure de sa petitesse s'il ne s'agit que de se réunir. Frugale est ma table autant que mes mœurs. Les livres font toute ma dépense. Du moins suis-je assurée que mes visiteurs ne s'égayent pas chez moi pour la qualité de mon rôt. Je tiens salon sur le rebord des planches de ma librairie dont Montaigne est le plus bel ornement. Pour en pousser l'huis, il n'y faut guère que de la curiosité, l'usage du monde et le goût d'en rire. Rares sont ceux qui savent encore discerner sous mon masque follet les feux d'un esprit dont la mode a passé. Mon salon est-il devenu bouffon ? Vaille que vaille. Tant qu'il existe, rien ne m'oblige à sortir. La durée en fait tout l'intérêt. C'est une manière de vestige du siècle dernier que l'on visite à la force du mollet à défaut de cervelle. Ces étourdis viennent m'y voir sans se douter que je les entends. Janotus janotisants, moult bavards, fidèles à mon jour, y déversent leur tombereau de nouvelles fraîches et me font le journal du trantran du monde et de la cour. Pour exciter leur verve et en savoir davantage sans en demander plus, il ne m'est que de cultiver la remarque naïve, l'œil rond et la mine piquée. Rien ne leur plaît tant que d'en rire. C'est à qui s'y prendra le premier. Chacun se veut mieux et donc pisdisant que l'autre. Je laisse courir et en fais mon miel, croisant et recroisant le fil de leurs récits pour démêler quelques vérités d'une simplesse nue sous le nœud gordien de leurs indiscrétions, clabauderies et jaseries infinies.

Comment leur en vouloir de chercher à me piéger en brouillant à plaisir les semblants et les noms pour se divertir à mes dépens ? Une vieille pie esseulée, antique assez pour avoir connu Montaigne, bonne à percher sur tous les espaliers, pour peu qu'on leur donne un tour rhétorique ou le prétexte des belleslettres. À ce jeu, le poète Saint-Amant est des plus enragés n'hésitant pas à rimailler, assez faiblement dois-je dire, les soties dont je suis censée être malgré moi l'héroïne, aveuglée par son grand âge et sa dévotion rassotée au passé. Je laisse donner la farce, trop curieuse d'en goûter les inventions pour interrompre la partie sous le futile prétexte de me révéler plus maligne que lui. Bien à rebours, je me fais plus benête que nature, menant ma comédie en secret de la leur. Quitte à leur jouer un dialogue de fous où la plus folle de tous n'est pas celle que l'on croit.

Ainsi de la tabarinade qu'ils me firent lors de la visite annoncée du poète Racan quand il parut en Paris, dans son âge tendre, voici quelque trente années. Je perchais alors en un troisième étage de la rue des Haudriettes. Mes muguets s'imaginent toujours que je suis une manière d'ermite femelle à qui le train des salons est tout à fait déconnu. Comment auraient-ils su que me revinrent dans l'heure les moqueries que l'on fit au jeune Racan après sa piteuse apparition à la Chambre du roi aux côtés du vieux Malherbe dont l'arrogance ne pouvait rêver meilleur repoussoir. Car pour être honnête garçon et passable versificateur, Racan s'y découvrit gauche et de vilaine allure en société, la langue embarrassée d'une grotesque infirmité dont le ridicule remonta sans délai jusques à mon grenier. Imaginez que ses façons de dire « l » pour « r » et « t » pour « c » lui ôtaient, par une curieuse malédiction, la faculté de prononcer correctement son propre nom, le malheureux ne pouvant qu'il ne dise « Latan » au lieu de « Racan ». Il n'en faut pas davantage en notre Paris pour ravager une réputation sans plus ample informé. Malherbe, je gage, ne s'y trompa point. Ni moi qui, fidèle à mon habitude de trouver intérêt à ceux que le monde récuse, fis porter un billet à Racan, lui exprimant mon désir de le rencontrer, si toutefois il avait la patience de gravir les degrés de ma librairie. J'eusse dû celer cette invite à mes plaisantins qui virent là l'occasion d'un nouveau tour de leur façon.

— Holà, demoiselle, *adsum*, me voici, Racan pour vous servir, rugit sans une faute sur le pas de la porte un épais muguet rubicond tout enrubanné de bleu.

La farce était grossière. Un coup d'œil suffit à me persuader qu'il ne pouvait être celui dont j'attendais la visite. Trop vieux pour être vrai. Le voici qui porte la main à son front s'efforçant d'y graver un pli mélancolique qui lui sied comme canons de dentelle à un mulet de bât, caricature d'un accoutrement d'aède tel que l'imagine le commun des mortels quand oncques n'en vit un vrai de près. Et de se lancer dans une aria de mimiques inspirées, assez mauvais comédien, au demeurant, marmottant des vers sans suite et des compliments outrés, sortant un crayon de sa manche pour noter sans délai un vers dicté par sa Muse, me prenant à témoin de son intransigeance et de la vigueur de ses embrassements. Et moi, fort divertie de cette plaisante ripopée poétique, de le recevoir avec toutes les marques d'admiration imaginables, de lui servir du vin de ma plus mauvaise bouteille et des gâteaux de trois jours en insistant beaucoup pour qu'il les mange, puis de lui montrer que ses vers ne me sont point tout à fait déconnus, combien je suis charmée de l'encontrer céans. Le bonhomme s'ensauva, mes méchantes provisions glouties lui restant sur l'estomac, quand mes commentaires pédantins sur les rouages délicats de la versification racanienne lui firent craindre d'être découvert, faute de savoir comment y répondre.

Il était dit que cette comédie se jouerait en plusieurs actes. Le lendemain se présenta un nouveau Racan hors d'âge. Méfiante, je considérai le profil aquilin pointé contre le jour, le personnage noir de poil et de vêture, d'une inutile arrogance, tout aussi théâtral, bavard et faux que le premier :

— Malherbe ne daigne, Racan suis ! annonça-t-il en se pavanant d'importance.

Point ne voulus le décevoir. Aussi m'étonnai-je grandement sur l'étrangeté de recevoir en deux jours deux poètes se prévalant du même nom. Voulant m'ôter le moindre doute sur son identité, il gonfla d'invisibles ergots et se récria haut et fort sur l'outrage d'avoir été précédé par un éhonté faussaire. Je convins aimablement qu'il y avait là quelque sacrilège et incompréhensible usurpation, en rajoutai à la truelle sur l'honneur qui lui était fait de si étrange façon. Car enfin, nul n'aurait eu l'idée d'emprunter l'apparence d'un inconnu.

— Vous voici célèbre et déjà copié. En si peu de jours, c'est assurément merveille ! le complimentai-je sans rire.

En toute équité, je lui servis les maigres restes de vin et de gâteaux du Racan de la veille. Il se lassa plus vite que l'autre. Qui sait ce qui, de sa médiocre parodie, de son manque de répartie, de mon vin, de mes gâteaux ou de ma conversation que je ne laissai pas de rendre aussi chaotique, confuse et pour tout dire aussi indigeste qu'il s'y attendait, y fut pour la plus grande part.

Quand Racan, le vrai, jeune et gauche à souhait, survint, j'étais un peu sur mes gardes. Mes étourdis oseraient-ils tripler la nasarde ? Méfiante, j'attendis de l'entendre buter sur les lettres de son nom et s'empêtrer dans sa présentation pour déceler le vrai du faux. Je lui contai alors toute l'aventure, l'invitant à nous moquer des moqueurs. Nous profitâmes paisiblement du plaisir de notre conversation, puis, sur mon conseil, il s'en fut répandre partout dans Paris l'histoire des mauvais plaisants qui m'avaient adressé deux faux Racan afin de s'assurer que je claquerais la porte sur le nez du seul véritable quand il se présenterait en troisième. Il le fit avec assez d'esprit pour mettre les rieurs de son côté. Nous étions convenus qu'il prétendît que je l'avais furieusement jeté dehors à grands coups de mule. Aussi me peignit-il outrée de cet outrageant défilé de Racan. On nous plaignit tous deux d'un tour pour le moins malséant. Il en résulta ce que nous attendions : les piètres farceurs se découvrirent francs rieurs. Ce fut ensuite un jeu d'enfant de distiller secrètement à qui le devait savoir que tels furent pris qui croyaient prendre. Le bruit enfla dans les ruelles que nous avions bien plaisamment joué les joueurs. Ce dont ils eurent garde de se vanter. En sorte que les faux Racan et leurs médiocres auteurs, le chevalier de Bueil et le page Yvrande, ridiculisés d'importance, furent à la parfin les vrais dindons de leur bouffonnerie, ce qui ne les empêchera pas, j'imagine, d'enrichir ma légende d'un nouveau chapitre de grotesques.

L'expérience m'apprit ainsi qu'il y a souvent plus de vérité dans la guise de la déformer que dans la vérité elle-même. Le moment venu, la rumeur me fit comprendre que Montaigne, au jour de notre rencontre, avait essayé sur moi la version qu'il donnerait de son détroussement quand il déciderait de l'ajouter au chapitre douze du tiers livre des Essais. Et quand bien même le comte de Thorigny, fils aîné de M. de Matignon, eût été de cette équipée. Et quand bien même l'embuscade aurait eu lieu près d'Angoulême et non dans la forêt de Villebois, sur le chemin d'Orléans. Et quand bien même les masques eussent été huguenots et non ligueurs. Et quand bien même le prince de Condé serait intervenu ou non dans la subite libération de l'écrivain et de ses compagnons. Quand bien même. La vérité est celle des Essais. L'esprit agile la suit entre les lignes comme anguille sous l'onde. La vérité est dans ce que ni l'histoire ni le livre ne disent. La vérité est dans cette connivence subite qui nous lia irrémédiablement. Dès ce premier jour, nous commençâmes d'œuvrer ensemble à la continuité de son ouvrage qui devait devenir ma raison d'être. Dès ce premier jour, il jugea, je gage, qu'il pourrait remettre son livre entre mes mains en toute fiance pour le préserver des chausse-trapes de l'oubli en l'imprimant comme il se devait, en l'état où il le laisserait au jour de sa mort, sans me mêler de faire à sa place la part supposée du vrai et du faux. Point ne requérait d'autre éditrice que ma fidélité. Point ne désirait d'autre tombeau que le doux cuir des relieurs. Point ne voulait d'autre linceul que le plus pur chiffon. Point ne souhaitait d'autre boîte que ce curieux objet obtus que l'on nomme un livre, pour emporter au fil des siècles la malle de sa pensée.

12

Mon humeur, ce soir, est aussi noire que l'encre de ma plume. Le jeune Cinq-Mars ressentit hier, douze septembre 1642, le poids de la souveraineté, dont Montaigne disait qu'il ne touche un gentilhomme français qu'une ou deux fois dans sa vie. Se peut qu'il soit écrasant. Le jeune Henri Coeffier de Ruzé d'Effiat, sieur de Saint-Marc, dit Cinq-Mars, aura-t-il eu le temps de méditer sur la précarité de la faveur royale ? Louis XIII le nomma Grand Maître de sa garde-robe, puis Grand Écuyer, excitant moult jalousies dont il se flattait beaucoup. Il y perdit la tête. Plus me navre qu'il ait entraîné après lui, dans cette fatale issue d'un absurde complot contre Richelieu, François-Auguste de Thou, descendant de Jacques-Auguste de Thou dont Montaigne prisait fort l'érudition et l'amitié. Drapé dans la bure épaisse de ses certitudes viriles, exaspéré de me devoir le respect exigé par son ami, cet homme imposant m'eût voulue au diable et ne me recevait que pour me tenir à l'œil. J'en profitai sans vergogne, car il était en puissance de l'une des plus belles librairies qu'il m'ait été donné de visiter en ce siècle, combien en aie-je vues. La roche Tarpéienne est proche du Capitole. C'est à son fils qu'il aurait dû faire la leçon. Tant il est vrai qu'au faîte de la gloire, il est plus facile de déchoir. Que l'on soit fils de maréchal de France ou de président à mortier humaniste et historien fameux n'y change rien. La sagesse, non plus que la prudence, l'érudition ou l'esprit d'un homme sont impuissants à se couler par nature dans le sang de ses enfants. Il y faut une autre alliance que celle de la chair et un homme est bien heureux s'il la trouve en sa filiation. Esprit sans sagesse, érudition sans prudence ont ruiné le jeune de Thou dans ses belles espérances.

L'exécution eut lieu, ordonnée par Richelieu, et leur conjuration décapitée avec eux. Lourde fut la sentence du vieux cardinal pour ces folles alouettes, plus imprudentes que méchantes. C'est pitié que de voir la vieillesse décoller la jeunesse et l'expédier en ambassade aux enfers sous couleurs de politique. On dit le cardinal fort débile, et pour tout dire déjà aux mains de Charon, le funèbre passeur. Gageons que sa colère n'en fut que plus grande. Tel un Jupin trônant du haut de sa mortelle nuée, il aura pu dire, une fois encore : « J'ai tonné ! »

Le tyran se venge, par pure jalouseté, de sa force perdue, de son autorité vieillissante, de son effroi à envisager la mort grimaçante dans le miroir où il se regarde. Montaigne prévient contre ce refus frileux de lâcher prise, l'âge venu, qui a perdu de réputation la plupart des grands hommes. La tyrannie a empoisonné son siècle avant le nôtre et tint assez de place en ses pensées pour qu'il y consacrât, outre les réflexions et listes de toutes les tyrannies imaginables de l'histoire, un chapitre entier, « Couardise, mère de cruauté » : « Qui rend les Tyrans si sanguinaires ? c'est le soin de leur sûreté et que leur lâche cœur ne leur fournit d'autres moyens de s'assurer qu'en exterminant ceux qui les peuvent offenser, jusques aux femmes, de peur d'une égratignure. »

Mais le Cardinal est trop collectionneur pour être bon lecteur, trop fier potentat pour l'exercice d'humilité exigé par une telle lecture, trop imbu de sa gloire pour la faire reluire d'une si adamantine sagesse. Le temps passant, il a perdu raison et mesure. Où est l'homme qui me séduisit jadis par son intelligence, sa finesse et sa culture ? Son sens exquis de la grandeur suffisait alors à impressionner son monde. Le commandement et la crainte sont devenus les armes de sa faiblesse. Il n'hésite pas à les brandir méchamment par hantise de déchoir. Ces jeunes malheureux auront été mis à la torture pour avouer leurs fautes. Là encore, la lecture des Essais eût pu éclairer sa vieille lanterne : « C'est une dangereuse invention que celle des géhennes et semble que ce soit plutôt un essai de patience que de vérité. »

Les livres servent-ils de rien ? Un découragement me prend quand je les vois impuissants à modifier la démence des temps et des hommes.

La main cardinalice vient, peut-être, de tourner l'ultime page de la sanglante guerre que mena, après Catherine, Marie de Médicis pour conserver le pouvoir. Je les connus tous trois en des temps où ils avaient d'autres considérations que leur personne et la hauteur de leur puissance. Tous trois furent mes protecteurs et méritèrent ma gratitude autant que mon chagrin à les avoir vus, les uns après les autres, desceller de leurs mains le socle de leur gloire et prostituer leur esprit par avidité et caprice. Las, si le peuple est toujours enclin à adorer le veau d'or, il est toujours un Moïse pour dénoncer le scandale et soulever la révolte qui le jettera bas.

Dieu merci, l'âge m'épargnera dorénavant l'obligation de faire ma cour. La faux touche la pourpre. La reine-mère, Marie de Médicis elle-même, ne mourut-elle pas en son exil de Cologne voici deux mois ? Trop sais-je Richelieu bon courtisan pour lui survivre longtemps. Leurs perpétuelles cabales et soif de puissance les auront liés plus sûrement que jamais ne le firent les liens du mariage ou du sacerdoce. Bien me gardai-je d'en augurer la fin tout haut. Imaginations de vieillarde, jugerait ma compagnie d'étourneaux, incapables de pénétrer cette prescience à rebours, toute d'intuition et de déraison, triste privilège de l'âge quand il en a tant et tant vu que rien ne l'étonne, surtout la mort.

Le seul qui s'y entende plus loin que le bout de son nez est mon très cher abbé de Marolles. Il reviendra tout à l'heure en mon grenier quérir son picotin de latin. J'amende un peu les errances de ses traductions pataudes et il amende mon caractère en ce qu'il est l'un des rares dont je ne puisse duper la vigilante bénévolence : celui-ci me connaît très bien pour être mon voisin à un étage près et mon plus cher ami après Montaigne. Grâce à lui, je prononce encore à voix haute, sans me prendre pour folle à parler toute seule, le prénom de Michel qui est aussi le sien. Raison cachée d'une tendresse qui a bien d'autres attaches. Il m'est un protecteur moins brillant mais très tendre, veillant à ce qu'on me continue la pension à laquelle ma plume n'a plus la force de pourvoir. Grâce à lui je conserve la faveur des grands. Grâce à lui mon nom est encore prononcé dans les salons. Grâce à lui ni mon escalier, ni mon antichambre ne sont amers déserts, mais presse curieuse d'envisager de près celle qui connut le grand Montaigne.

Sautillant menu sous sa perruque, l'abbé ne tient pas en place. Dans son habit noir à parements gris, il ressemble à ces moineaux parisiens qui picorent l'appui de ma fenêtre. Féru de ballets, il m'initia à la musique et à l'opéra. Collectionneur d'estampes,

il m'a formée à regarder au-delà du voir et à concevoir le génie du trait. À le suivre ainsi, je n'aurai pas
manqué mon époque. Toujours disert, il me laisse
le tyranniser avec une indéfectible belle humeur qui
est sa politesse à lui. Les rides ont fixé un rire éternel
sur sa figure tant étroite que sa poitrine. Bras et
pattes, tout est trop petit, chez lui, excepté l'âme, le
cœur et les genoux. Ce minuscule est pétri de vertus
majuscules et n'a qu'une fatuité qu'on lui pardonne
volontiers : se piquer de traduire, d'atroce manière
et sans autre aide que la mienne, l'ensemble de la
littérature latine.

Nous n'en parlons jamais, mais sa présence à ma
porte m'est très douce et aimable. Notre amitié est
ferme autant que tacite. Toute d'estime tue et de
menus services. En voilà un, du moins, qui ne s'of-
fusque pas d'un cotillon pensant. Aussi ne songeai-
je jamais à m'en excuser, au risque de devoir m'excuser de mes excuses ainsi que le prescrit Montaigne.

Marolles est l'un des rares qui m'écoute pour de
bon, par-delà mon parler verdelet et hors de ce
temps. Sous sa défroque d'abbé mondain bat un
cœur pur qui est de toutes les églises. Grand lecteur
des Essais, il a saisi l'essence de mon désir d'en faire
durer, quoique j'endure, la portée face à l'infini vide
du temps. Plus ai foi dans les pouvoirs du verbe que
dans ceux des hommes pour le traverser.

Certains mots peuvent bien faire le mort ou se
grimer d'archaïques oripeaux. Quant à moi, je crois

qu'il se trouvera toujours à la parfin un lecteur pour les réveiller de l'enchantement muet des siècles et les entendre à nouveau dans leur fraîcheur et leur vérité intactes. Amen.

13

Ma vie a pris les ordres de Montaigne au beau milieu des terribles désordres de l'été 1588. Le douze mai, les ligueurs, partisans du duc de Guise, hérissèrent Paris de fortes barricades. Montaigne ne quittait plus le Louvre et la garde du roi. Dans ce branle d'émotion populacière, la maison de ma mère lui fut plus que jamais un asile d'amitié. Au lieu de regagner son faubourg Saint-Germain, il me venait visiter chaque soir, assuré de trouver en notre rue de l'Arbre-Sec, à deux pas des murailles royales, abri, collation, bain, linge frais et conversation. Sitôt après, sans du tout revenir chez lui, il reprenait sa place auprès du roi retranché sur le dernier carré qui lui appartînt dans la capitale en émeute. Une charge fastidieuse, mais glorieuse, ainsi qu'il me l'expliqua :

— Pour faire sa cour, il n'est que d'être présent si d'aventure le roi vous veut entretenir, placer le mot qui le déridera ou lui donner un avis propre à le rassurer. Ce qui impose des heures d'ennui en son antichambre pour quelques instants d'action. Cette guerre est un siège. Entretenir la patience royale est un déploiement de forces immobiles de grande conséquence aux yeux de l'ennemi embusqué parmi nous, jusque dans les couloirs du Louvre. L'attente est une bataille qu'un gentilhomme doit savoir mener en ces circonstances, contre soi et pour le roi.

Navarre était au loin et les assaillants pressaient Henri III de toutes parts, quelque bonne figure qu'ils lui fissent. Souvent chien enragé mord la main qui l'a nourri. Alarmée, Catherine de Médicis n'avait de cesse de l'exhorter à quitter la place pour sa sécurité, l'assurant qu'elle saurait bien tenir la dragée haute aux Guises et lui conserver son trône.

Quelques jours plus tard, Montaigne me manda par le sieur Trinquet, qu'il partait sur l'heure avec Brach, le roi et la cour, en Chartres. Enfin plié aux conseils de Catherine, laissa entendre le royal messager qui gloutit de bel appétit la collation du philosophe. Bouffon loyal, bouffi courtaud, sa trogne bourrue à la langue grassement pendue déguisait l'astuce et intelligence des situations propres à un valet de cœur, sachant sa cour et son roi sur le bout de ses gros doigts d'apparence si maladroite. Point ne m'y trompai et lui témoignai grand respect. J'y gagnai le surnom de Noisette pour ce que chez moi, d'après lui, on cherchait, en ces temps de querelle noisette pour noise au lieu de noise pour noisette !

Ma mère, dorénavant convaincue de l'importance de Monsieur de Montaigne et raffolée de quiconque touchait au roi, ne laissait plus de me louanger de si hautes accointances. Plus ne songeait à me marier, sinon à tirer deniers et avantages de ses réserves de blé et charcutailles achalandées à donner yeux plus gros que ventre en notre capitale de disette.

Bien eus-je raison de convier Trinquet à user sans vergogne des provisions que la prévoyance de ma mère et l'abondance de notre terre de Gournay avaient entreposées plus qu'à suffisance pour nos faibles appétits. Sa commodité et notre information y trouvèrent une double issue. Traverser ce terrible tumulte à l'aveuglette m'eût été pénible et il était l'unique fil qui me reliait sûrement à Montaigne en ces jours de trouble et de discorde. Par lui, je sus que mon ami avait suivi incontinent le roi, de Chartres en Rouen. Par lui encore, je sus que les États généraux de Blois, étaient repoussés au quinze septembre, ce qui augurait d'un retour prochain du roi en son Louvre. Par lui aussi, je sus l'arrivée en avant-garde de Montaigne. Il s'en était revenu seul, Pierre s'attardant en Rouen près du roi. Se riant de mon impatience, Trinquet plaignit enfin le cruel rhumatisme qui avait cloué Michel dans sa chambre du faubourg Saint-Germain sitôt descendu de cheval, l'empêchant de me rendre visite.

Mon attente reprit. Trop bien savais-je que Montaigne devait avoir céans entre les mains les premiers exemplaires de la nouvelle édition de son livre. Abel L'Angelier avait projeté de la mettre sous la presse en juin. Autant brûlais-je d'en lire les lignes neuves que de reprendre nos entretiens. Pourtant, je tremblais qu'il s'en soit revenu seul, au péril de tomber aux mains des ligueurs. Ceux-ci tenaient Paris en une nasse où il était plus aisé d'entrer que de sortir. Ma mère ne pouvait donc rentrer à Gournay comme prévu. Nous étions captives dans la capitale, ce qui fit ma fortune, puisque mon penseur favori s'y vint jeter derechef de son plein gré, se peut pour une mission secrète, se peut pour le seul et unique objet de voir enfin imprimée la somme de ses Essais.

— Se peut aussi, en quelque guise, pour vous revoir, me dit-il avec un fin sourire quand il se tint en ma salle, à sa place coutumière, ce dixième jour de juillet 1588.

Ne venais-je pas d'apprendre dans l'heure qu'il avait été embastillé et débastillé par extraordinaire, le temps d'une après-dînée ? Tout juste la nouvelle de sa captivité apportée par un Trinquet inquiet comme jamais, avait-elle eu le temps de me désespérer, qu'il survenait au débotté, la mine narquoise et l'air satisfait en dépit de la fatigue dont il était accablé.

Il nous conta toute l'aventure tandis que Trinquet dévorait, comme le peut faire un homme affamé à la seule idée des affres endurées par un autre que lui. L'histoire lui était tout à plein connue. Montaigne en donnait les aboutissants pour m'instruire sans me dire les tenants dont la connaissance m'eût été périlleuse. Abrité en ma salle après la tempête, il se plaisait, je crois, à réfléchir tout haut à son habitude. C'est l'un des rôlets de la conversation que je prise par-dessus les autres. Du reste fais-je un passable déversoir en cette sorte de confidences. Déjà en savait-il plus long que moi sur moi. Attentive à ne point lui laisser entendre combien étais-je encore trémulante de l'angoisse d'avoir ignoré par quelles pénibles traverses il avait passé, je l'écoutai :

— Autant jouer sa vie aux dés que se mêler de politique, avait soupiré Montaigne en étirant ses bottes vers le feu.

Sa venue en Paris ne pouvait qu'elle passât inaperçue. La capitale était à cette heure un nid d'espions et de conspirateurs. Les mouches des Guises marchaient sur ses talons, bousculant celles de leur allié, Bernardino de Mendoza, l'ambassadeur du roi d'Espagne et une nuée d'autres, sans doute huguenotes, attachées à l'ambassadeur du roi d'Angleterre, Sir Edward Stafford.

— Ainsi pourvu d'ombres de toutes couleurs, point ne pouvais-je me lamenter sur ma solitude ! ironisa-t-il.

Depuis que les ligueurs n'avaient su empêcher son arrivée en la capitale, ils craignaient que le philosophe ne fût revenu mener quelque mission secrète au Louvre où Catherine de Médicis continuait d'intriguer pour protéger la couronne de son fils. Fort suspect leur était Montaigne comme gentilhomme catholique et gascon, mais fidèle à son roi et modéré en ses opinions. Plus suspect encore d'avoir précédé la rentrée d'Henri III en Paris. Son amitié avec la belle Corisande, une des fidèles de la cour de Navarre, était sue. Sans doute leur courrier éventé. Sans doute trahi le secret de l'alliance militaire proposée par Navarre à Henri III contre Guise et la Ligue alliés à l'Espagnol Philippe II. Faire d'un prince protestant l'héritier de la couronne catholique de France était hérétique aux yeux des deux partis. N'y faillissait que d'une messe pour mettre Navarre aux marches du trône de France dont la disparition du duc d'Anjou, frère du roi, le faisait, au grand dépit des Guises, le premier prétendant légitime. Le roi ne cachait pas son désir de voir Henri se rendre à ses raisons et abjurer la foi protestante, même de mauvais gré. La comtesse de Guiche y travaillait en dame avisée assez. Or le Béarnais lui était très affectionné. Mais ses compagnons lui menaient un bal de huguenots, tout aussi enragés que les ligueux après Henri III. Sainte-Colombe, mandé en ambassade, n'avait su persuader Navarre de passer outre leur roide opposition à toute conversion. Aurait-on voulu bâillonner quelque supposé message dont Montaigne eût été porteur ? Aurait-on jasé auprès des Guises sur ses prétendus pouvoirs de convaincre Navarre ? Sur son influence auprès de la reine-mère ? En mesurant les effets à l'aune de leurs craintes et ambitions, ils se dépensèrent sans compter pour nuire au succès d'une possible conciliation entre les deux souverains.

— C'était me donner vaste et inutile crédit, conclut Montaigne.

Trinquet haussa un sourcil, mais ne pipa mot. Je gardai la mine impassible dont je sus si bien, depuis, faire usage. Point n'étais mécontente d'être de mise dans ces royales confidences. Sans me hausser du col, j'ai toujours eu le goût de ne pas manquer à mon siècle et d'en comprendre les remous. Voisiner avec l'histoire sans y entendre goutte n'est pas un parti que j'envie, combien qu'il rende la vie plus paisible. La paix n'est pas mon métier. Montaigne déjà l'avait compris, et même avant moi. La nuit nous était complice. Nous espérions son récit d'une journée dont les heures lui avaient beaucoup duré.

Au départ de Rouen, Villeroy avait proposé de lui remplacer Brach qui devait y demeurer. Il avait à faire au Louvre et Montaigne avec L'Angelier, son imprimeur. Ils franchirent de concert le guet, à la discrète, le sept juillet, aux petites heures de l'aube et de la vigilance des gardes.

Depuis déjà trois jours il était à Paris sans se mouvoir de son logis, cloué en sa couche et souffrant mille douleurs d'un rhumatisme désommeillé par la chevauchée. Sa barque flottait ce dix juillet contre le vent et se trouvait au plus fort de la houle sans qu'il le sentît du tout. À peu qu'il ne fût à nouveau en perdition. Pour sa consolation, il avait trouvé en son host les exemplaires de son ouvrage que L'Angelier lui avait fait tenir sous la forme de placards qu'il prise fort, car elle lui laisse d'amples espaces pour se relire comme il aime, plume en main. Il lamenta un petit peu sur les inconvénients de l'âge et reprit son récit avec une vigueur qui démentait son passager aveu de faiblesse et d'intempérie :

— Ce matin, toujours malade et alité, je travaillais à mes Essais, comptant sur la lecture pour désoccuper le mal. Il pouvait être trois ou quatre heures de l'après-dînée quand un grand bruit se fit à mon huis. Par un heureux hasard, mon ami Villeroy se trouvait à mon côté. Sur un signe de moi, il se mussa en toute hâte dans une porte dérobée de mon alcôve d'où il put voir sans être vu. Une troupe batailleuse força la résistance de mon valet et se rua vers moi, bousculant mon meuble et mes papiers. Tiré du lit sans ménagement, j'en demandai raison avec hautesse. L'un des capitaines de cette armée vociférante me répondit du même air. Et nous voici, dressés sur nos ergots comme deux coqs affrontés, au comble du ridicule. Nonobstant, je dus me rendre à mon impuissance. Le duc d'Elbeuf, ami du Guise, avait commandé que l'on me menât en Bastille en droit de représailles. Il se monnayait ainsi sur ma personne de sa volonté de se revenger d'un de ses parents, gentilhomme de la Ligue, capturé par le roi Henri III en Rouen. Haro sur le philosophe. Dans une presse populacière qui confirma mon horreur des foules, on me fourra en un coche puant puis noircissime cachot en la Bastille sans que je pusse rien pour ma défense. J'y demeurai en sidérale incertitude.

La raison politique a mille obscurs détours impossibles à démêler. Le philosophe fit front avec philosophie. Il avait vu sans sourciller les exemplaires des Essais nouvellement imprimés éparpillés et démembrés par des mains furieuses. Pire, les placards où il venait de recommencer ses quotidiennes annotations lui furent enlevés avec diverses paperolles. Ainsi vit-il ses pensers menacés une nouvelle fois de perte et de ruine, tant il est vrai que l'imprimeur n'eût pu s'opposer à la saisie des plombs, du manuscrit et des feuillets frais émoulus de la presse ou reliés de neuf, si la Ligue et le peuple de Paris eussent voulu réduire à néant l'œuvre après l'homme en un furieux autodafé comme il arriva maintes fois dans l'histoire des lettres.

Par chance, Villeroy s'ensauva de cette féroce mêlée. Il fit aviser un prévôt des marchands de la capitale dont il se souvint à point nommé que Montaigne l'avait rencontré en Italie. Lequel se mit de bon gré en campagne auprès de ses commensaux pour plaider en faveur du philosophe, prouvant qu'il n'avait pas obligé un ingrat. Puis Villeroy courut au Louvre où son titre de secrétaire d'État lui donna aisément l'entrant. Le Conseil y était pour lors réuni et Catherine, qui avait grande affection et intérêt à

Montaigne dont elle prisait l'œuvre par-dessus tout, contraignit Guise à signer sur-le-champ l'ordre de son élargissement :

— Faveur immense de la reine-mère dont la cour bruit tant et plus, dit Montaigne. À peine eus-je quatre heures d'inconfort et de malaise. Embastillé pour mes accointances politiques, me vis, pour mes écrits, débastillé.

L'aventure l'avait ébranlé. L'esprit mis derechef au péril du corps lui donnait grandement à méditer sur la condition du penseur ami des princes et des rois. Il en passa les motifs au crible de sa pensée pour en tirer froment d'une émerveillable finesse. Telle est la matière de ses écrits dont il souhaitait que chacun en pût faire son pain. Pour moi, je m'en nourris chaque jour sans fatigue aucune, combien que je le relise, encore et encore :

— Les occupations publiques ne sont aucunement de mon gibier. Point ne faudrait pour autant que je devinsse le leur. Déjà, lors de mon voyage en Italie avais-je éprouvé le poids de la juridiction papale sur mon œuvre séculière. Mes Essais où j'avais, selon mon habitude, porté maints précieux allongeails, me furent supprimés par le zèle des gardes vaticanes. J'espérais qu'ils me seraient rendus au jour de mon audience avec le Pape. Las, je dus patienter trois longs mois de plus jusques au vingt mars, poursuivant mon labour quotidien comme si je n'eusse aligné trois mots de ma vie, alors que leur ligne imprimée me sert usuellement de guide pour développer mes pensers. Encore mon livre me fut-il rendu à la condition, entre autres, que le nom de Dieu y remplacerait le mot de Fortune pour complaire à l'esprit chagrin de quelques chanoines. La païenne Fortune se rendit à raison pour que mon ouvrage ne fût pas à la fortune d'une de ces querelles odieuses qui incendient les livres et l'univers plus souvent qu'à leur tour. Ainsi que je l'ai ajouté à la lettre de mon livre second, « la plupart des occasions de troubles du monde sont Grammairiennes ». Nos procès ne naissent que du débat de l'interprétation des lois, et la plupart des guerres, de cette impuissance de n'avoir su clairement exprimer les conventions et traités d'accord des princes. Combien de querelles et combien importantes, a produit le doute sur le sens de la syllabe *hoc* dans « *hoc est corpus meus* », « ceci est mon corps » prononcée par nos prêtres au moment de l'élévation. Catholiques et réformés n'y voient pas la même acception et débattent avec férocité sur l'incarnation propre ou figurée du corps du Christ dans la sainte hostie. Disputer théologie n'est pas mon propos. Ni ne veux davantage être regardé comme grammairien, ou poète, ou jurisconsulte, sinon pour mon être universel. Nous allons conformément et tout d'un geste mon livre et moi. « Ailleurs on peut recommander ou accuser l'ouvrage à part de l'ouvrier ; ici, non : qui touche l'un, touche l'autre. »

Touchant l'un, j'avais touché l'autre. Chaque fois que je relis cette déclaration ajoutée au chapitre deux de son dernier livre, mes larmes coulent. Ses paroles ardaient mon cœur d'une flamme pure que rien ne put amoindrir. Ma religion était faite. J'eusse passé au feu pour lui préserver l'intégralité de ses écrits aussi bien que la sauvegarde de sa personne. Point n'en demandait tant, mais il y songerait, me dit-il à sa manière plaisante.

C'est alors qu'il offrit de me faire tenir un exemplaire des placards de ce fameux tiers livre, en attendant que le relieur eût fait son office, mi-avide de me voir poursuivre ma lecture dont les commentaires candides le divertissaient fort, mi-désireux d'en sauver copie si d'aventure il était repris dans les rêts d'enragés ligueurs. Et voici qu'aujourd'hui, de cette obscure feuillée, conservée comme un gage secret de la forte amour qui nous lia cet été-là, ces lignes noircissent les marges. Nos deux écritures s'y mêlent, la sienne, ample et ferme comme l'était sa voix, la mienne comme pattes de fourmis appliquées sur les brisées de l'aigle.

14

Trinquet s'en était retourné depuis belle heurette dormir en son galetas du Louvre. La nuit blanchit sans que j'eusse pris garde à l'écoulement des heures. Montaigne s'inquiéta d'éprouver ma patience et mon sommeil. Pour moi, je le suivais à pleine voile, ressentant jusqu'à la moelle la force de sa présence, mon esprit vibrant comme une corde sous le doigt du musicien, ma pensée résonnant de la sienne, toute livrée à l'éblouissement d'en jouir pour moi seule autant qu'il le voulait.

Trop heureuse d'être la confidente de ses réflexions, je l'assurai que la fatigue le cédait au plaisir de sa conversation. La chaleur de son sourire me chauffait les joues. Je ne pouvais que je m'habituasse à ses façons d'interrompre *ex abrupto* la conversation pour me regarder intensément :

— Une amitié vigile, assez, pour garder attention à mes divagations passé minuit, voilà qui me ramène aux plus fortes heures de ma vie. Un parler ouvert ouvre un autre parler et le tire hors, comme fait le vin et l'amour. L'aimant de votre aimable billet était de force à affriander mon intérêt. Point ne fus désappointé. Car plus est rare encore, à qui parle, de trouver dans le visage qui lui fait face le reflet de l'autre moitié de la pensée qu'il n'a exprimée qu'à demi. C'est pourtant, ce me semble, le vrai moyen d'exprimer tout à plein sans férir le reste de cette pensée. Il y faut une amitié d'une eau parfaite. En quoi il apparaît que ma chatte ne saurait du tout suffire à ma conversation quand vous y répondez à merveille !

Combien goûtais-je la pique gasconne de ses réflexions qui imprimait en dernier un vigoureux ressort d'humour à ses pensers pour peu qu'elles menaçassent de s'appesantir. Combien me faillent à ce jour le primesault de son raisonnement, l'allure de son pensement, la force de son empreinte, le ramas de ses idées, la gaieté de son déduit, la couleur de son verbe, la surprise de ses péroraisons.

Si, comme le disait Pindare en sa huitième Phytique, « l'homme est le songe d'une ombre », et si à ce que je pense, son œuvre est son ombre, sans doute suis-je née du songe de cette nuit de juin où Montaigne fit de moi son ombre et en quelque guise son œuvre. Ainsi appartiens-je aux Essais où je fus greffée d'une belle obèle, au chapitre « De la présomption », vibrant alinéa à ses amitiés anciennes, en cet été de 1588. Moins heureuse que lui, toutefois, de ne pouvoir me retrouver à telle fête le reste de mon temps, forlongée depuis dans une forêt d'esprits tant aimables que faibles.

Le ressouvenir m'en frissonne encore des mots si émerveillables que prononça alors Michel de Montaigne. Nous étions ravis l'un de l'autre : moi d'ouïr ce grand esprit me proclamer sa pareille et me donner par là brevet d'esprit, lui de trouver à l'improviste à qui parler en un temps de sa vie où, m'assurat-il maintes fois, il ne pensait plus connaître cette sorte d'amitié. La tête m'en tournait d'un vertige très doux qui ne l'a cédé ni aux moqueries, ni aux doutes, ni aux accusations. Ce ne fut ni mirage de mes sens abusés, ni folle rêverie de pucelle pédantine, ni prétention absurde de cervelle dérangée. Montaigne me choisit sans que j'eusse recours aux philtres ou incantations de la magie. Si séduction il y eut, elle tint d'abord à la rencontre de nos esprits et je l'ose croire forte assez pour perdurer par-delà ma négligeable personne, pour porter haut sur l'échelle du temps les couleurs des Essais. Aucun regret n'aurai-je d'avoir blessé quelques esprits susceptibles, si capable je suis de bander mes forces pour tirer loin le carreau de la renommée de Michel de Montaigne en qui ma foi n'a jamais faibli, quoi que j'en aie.

Il y a de l'impudeur en ces lignes. Il y a toujours force impudeur à écrire. La rhétorique est un masque commode à qui veut publier, sans se mettre au péril de se rendre ridicule, ce qui n'était, se peut, que vanité. Point n'ai toujours su y mettre les formes pour m'en protéger. Point n'ai la plume si aisée quand la veux-je publique et révérente et servilement ornée pour me gagner l'attention et la faveur des puissants. Mais baste. Point n'emporterai mes pudeurs outre-tombe et ces écrits secrets ne sont point destinés à ma gloire vivante.

15

Guise l'ayant cédé à Catherine pour l'élargissement de Montaigne, le céda-t-il sur d'autres sujets ? La tempête de querelles qui soulevait le pavé de Paris s'apaisa. L'ardeur du soleil se prit dès lors à rivaliser avec celle des ligueurs pour nous isoler. Mes journées se réglèrent sur les allées et venues de mon ami : je dormais le matin et me levais en milieu d'après-midi. De doux linons blancs et des collets de dentelle chaque jour renouvelés à la surprise de ma mère et au grand dam des servantes mettaient ma vêture à l'unisson de mon esprit. Chaque jour était un jour neuf. Au tomber du soir, à l'heure où Montaigne avait accoutumé de nous visiter, la fraîcheur ranimait nos conversations dans la grand'salle que nous tenions close pour lui conserver ses humeurs de caverne. Platon n'eût pas renié la qualité des ombres que nos pensers croisés y projetaient. Ni savants ni pédantins, mais plaisants, mais audacieux, mais déliés, étaient nos propos. Nos savoirs se faisaient buissonniers, usant de sentes détournées et sautant les ruisseaux de la logique. Point ne nous voulions docteurs, ni clercs, ni écoliers de nos lectures faites à plaisir et non à devoir. La certitude du savoir ne nous était de nulle utilité sinon son usage quotidien dans le devinement du monde, dans le ménagement de nos actes. Montaigne renchérissait et son approbation m'était douce :

— Prendre un livre n'est pas apprendre, s'étonner n'est pas comprendre, voir n'est pas savoir.

Combien voudrais-je que l'entendissent ces aréopages de bonnets carrés qui se mêlent de nous dicter les tables de leurs lois en nous donnant roidement sur les doigts pour un mot, trouvé hors les murs de leurs certitudes grammairiennes, qu'ils ont tôt fait de taxer de bâtardise. Tant pourrais-je leur dire que dire n'est pas écrire, régler n'est pas créer, épeler n'est pas lire.

« Il n'est rien de si utile que ce qui peut l'être en passant », dit Sénèque dans l'une de ses Épîtres. Suivre qui-cy, qui-là, cette idée qui passe, enfourcher les chimères, rire de nos erreurs, délasser nos esprits de contes à dormir debout, parler de mille choses, de chats, de chevaux, de cailloux, de melons et de livres aussi bien que du Pape et des destinées du royaume de France. Nous plaisait par-dessus tout le double écho de ma voix pointue et de son parler sonore si bien entendus à se répondre. De lents silences nous advenaient, en quoi nos esprits pactisaient dans le bonheur, extravagant à tout autre que nous, de se taire ensemble.

Du soir de sa captivité, au dixième jour de juillet, et de la longue nuit passée à philosopher de conserve, Montaigne garda l'habitude de se retirer fort avant dans la nuit, ne laissant au sommeil que les petites heures du matin, avant de passer au Louvre s'enquérir du retour du roi, puis de là chez moi. S'il n'eût tenu qu'à l'arbitrage de mon égoïsme, j'eusse donné licence aux ligueurs de nous maintenir dans cette révoltante contrainte à seule fin que perdurât le désordre qui me ramenait chaque nuit celui que j'attendais. L'attente devint la figure de ma vie.

Le dix-neuf juillet 1588, le roi à son tour s'en revint de Rouen. Le surlendemain, au soir du vingt et un, Montaigne était porteur d'une brassée de nouvelles heureuses. Outre la signature d'un édit d'union qui réconciliait Henri III et la Ligue, la convocation des États généraux à Blois était confirmée pour le quinze septembre. Le roi y requérant sa présence, il ne repartirait point en sa Guyenne qu'il n'y ait participé et resterait en nos parages au moins jusqu'à l'automne :

— Ce qui vous laisse assurément le temps de désespérer ce pauvre L'Angelier des innumérables commentaires dont vous ornez vos écrits chaque fois qu'il se persuade d'avoir fini de les imprimer ! Quelque chose me dit que vous n'en avez pas encore écrit le dernier mot, combien qu'il le croie et se vante fort de les avoir publiés cette fois dans leur totalité.

— Ce qui me laisse surtout, ma chère, le temps de vous montrer à déchiffrer le boustrophédon de ma pensée qui, tout pareil à un bœuf au labour, creuse la marge pour y ajouter un sillon au rebours de la ligne déjà tracée.

16

Chaque journée de cet été 1588 tournait une blanche page de félicité dont la moindre ligne est demeurée au plus secret de ma mémoire. Qui aurait dit que le recueil en serait si mince ! La vie s'est chargée d'y mettre de noirs allongeails.

Blanche se déployait à mes yeux cette page, comme la voile de la destinée quand elle présage l'heureuse issue d'un long voyage. Blanche, comme elle aurait dû l'être pour annoncer au vieil Égée que son fils Thésée lui revenait vivant. Noire, par oublieuse méprise, elle le précipita à la mer en proie au plus mortel désespoir quand il eût dû se réjouir. Blanche, par fallacieuse faveur quand elle eût dû être noire, m'apparut pour m'augurer les faveurs de la fortune dans l'amitié de Michel de Montaigne. Blanche, elle me mit au sommet du bonheur quand j'eusse dû m'affliger. Blanche elle m'éblouit, m'empêchant de voir le noir horizon si limité de notre histoire, d'entendre le sec claquement du ciseau des Parques, jalouses de notre bonheur.

Noire fut la page du jour funeste où ma mère, à bout de provisions et de pécunes, opina que nous profitassions de l'accalmie pour retourner en notre terre de Gournay. Imaginez le désarroi de l'ombre privée par caprice de l'homme auquel elle est attachée. Impossible de me résoudre sans plaintes à un tel arrachement. Je prétendis demeurer seule en Paris. Ma mère s'y opposa, arguant que ce ne serait guère convenable. Le ton monta, les portes claquèrent. Pour faire taire mon indignation, il fallut que Montaigne promît de venir nous visiter à Gournay. Ce serait pour lui un refuge de paix et d'amitié après ces mois de tourmente politique. L'été et les événements le laissaient en vacance du service du roi jusqu'aux États généraux de Blois :

— « On dit que les femmes de Gascogne ont quelque prérogative en ce que vous les feriez plutôt mordre dans du fer chaud que de démordre d'une opinion qu'elles auraient conçue en colère. » Il semble que les demoiselles picardes ne soient pas moins opiniâtres, se moqua-t-il, amusé et quelque peu ému par mon obstination à rester près de lui.

Quand je relirai, bien plus tard, ce jugement au chapitre trente-deux de son livre deux, il me bouleversera en ce qu'il ajoute qu'opiniâtreté est sœur de la constance, au moins en vigueur et fermeté. Voyait-il dans cette résolution farouche à ne le point laisser derrière moi, les prémices de ma capacité à retenir par un pan de sa gloire passée sa présence fantômière entre les portes des siècles ?

À peu que l'idée de dormir bientôt sous le même toit que l'auteur des Essais ne me fît perdre la tête. Jeune étais-je assez pour ne point me suffire de ce que j'avais déjà obtenu. Vivre dans son intimité, partager avec lui les petites et les grandes heures du jour et de la nuit, promener nos entretiens par les sentes herbues et les pâtis de ma campagne serait une autre aventure.

En attendant, nous poursuivions notre dialogue, acharnés à nous connaître. Pour moi, l'avenir était un mail avenant où cheminer sans fin à deux, sous l'ombrage magnifique des auteurs du passé, disputant de nos lectures et de leur interprétation, rivalisant d'invention et de fantaisie. Pour lui, s'il augura de la parcimonie du temps, il se garda de m'en alerter.

À présent que j'ai dépassé de vingt ans l'âge qu'il avait alors, je conçois clairement qu'il eût soin de m'apprendre sans y toucher comment survivre sans lui, comment supporter la perspective de ne le revoir jamais et d'habiter tout mon temps en son livre, de sorte qu'il me soit naturel et aisé de maintenir haut la barre de mes pensers et sa gloire sur sa lancée.

17

Les étoiles de nos nuits d'été ignorent le dessin des constellations où nos yeux se plaisent à les reconnaître. Diane, Pégase, les Dioscures et autres motifs mythologiques dessinés dans le ciel entre leurs épingles luisantes le sont par l'imagination humaine. Comme si la nature ne pouvait préférer d'autre sujet à l'homme. Et nous voici, blottis en son maternel giron, demandant son exclusive attention et lui prêtant les pensers, sentiments et logique que notre caprice attend d'elle. Nos almagestes me semblent plus incertains et pusillanimes encore que nos portulans. Plus nous découvrons de terres, plus les limites de notre monde nous sont mouvantes. Quant à prétendre suivre du doigt le tracé des étoiles, il semble que nous soyions tout juste capables d'y projeter nos inventions et contes à dormir debout. Richelieu, en sa riche librairie, me montra jadis un globe céleste figurant l'enveloppe légendaire de nos nuits. Le fond délicatement bleuté portait licorne, cheval ailé et autres figures où je reconnus, laissant le Cardinal béant, maints héros et fantasque bestiaire aux portraits que j'en avais lus dans *Les Métamorphoses* d'Ovide. Aussi répondis-je à sa surprise que cette lecture avait enchanté les enfances de Montaigne et que je ne pensais pas être moins à même d'en pénétrer le sens qu'un garçon de sept ans !

Intriguée tout de bon par les mystères de la cartographie céleste, je me procurai maints ouvrages sans parvenir à rien qu'à redoubler mon questionnement. Le ciel nous est-il couvercle bien clos ou océan d'incertitude ? J'incline pour la seconde proposition, combien que l'Église réprouve toute idée et explication de la genèse qui ne suive à la lettre la ligne de la Bible.

Pour moi, j'opine que le cosmos se moque de la ceinture d'Orion comme de la première Voie lactée échappée du sein de la capricante nourrice de Jupiter. Notre terre y est-elle pendue comme lanterne de verre ou posée comme boule de marbre poli au bas de la rampe de l'escalier ? L'univers s'y reflète au moindre rai de soleil. Mais l'impression que nous en avons est tout à plein déformée et fausse. La nuit, il nous donne à voir sa poussière d'étoiles, semblable à celle qui danse dans la pénombre du volet entrebâillé à l'heure de la sieste. Sommes-nous l'ombre d'un univers de lumière ou la lumière qui projette l'univers dans l'ombre ? Questions immenses pour ma petite personne. L'âge n'y a point apporté de réponse.

Étendue à la belle étoile dans le pré de Gournay pendant nos nuits chaudes et désommeillées d'août 1588, je ne pus que je remarquasse tout haut la mobilité extrême des figures étoilées dans les cieux nocturnes :

— Est-ce le ciel qui toupille autour de la terre ou sommes-nous le toton lancé par une main puissante que nous nommons Dieu et qui se joue à nous ?

Montaigne s'enchantait qu'à mon esprit précoce fût advenue l'idée de se poser si vastes interrogations et m'encouragea beaucoup à continuer mes spéculations. L'énigme me demeure entière à ce jour.

À peser ces infinies possibilités de mon minuscule point de vue d'aiguille perdue en botte de foin, la tête me tournait. Se peut aussi de son épaule qui touchait la mienne, des senteurs herbues du pré fauché de frais, de la brise douce agitant les grands chênes, de l'éclat blanc de sa chemise dans la nuit, de sa voix rajeunie par l'obscurité quand il me parlait d'amitié comme d'aucuns parlent d'amour.

Deux étoiles qui s'entendraient soudain avec clarté dans l'immensité sidérale ne seraient pas plus étonnées que nous l'étions de notre rencontre. Leur solitude glacée n'est rien en regard de celle que je connus depuis lors. Car les astres ont la ressource de briller et de réjouir nos yeux. Point n'y eut d'autre âme que la nôtre pour s'extasier de l'alliance parfaite de nos êtres, de nos pensers, de nos ris, et faits et gestes.

18

« *Expectata dies aderat !* » « Enfin paraît le jour désiré ! » C'est ainsi que j'accueillis, d'un vers de Virgile, l'arrivée de Montaigne en notre modeste château de Gournay. Jamais cette rustique demeure ne me sembla plus riante qu'en ce mois d'août où celui qui était devenu, en si peu de temps, l'aimant de mon existence, vint m'y retrouver. Je ne m'y trompai point. Et je laisse glisser si quelque mal engroin y trouve à redire. Bien sais-je que moi seule, et non les fades beautés de notre campagne picarde, l'attirai en ces lieux écartés de tout.

Précédant à l'improviste le courrier qui m'annonçait sa visite, il arriva au quitter du Louvre dont le roi était reparti, lui donnant quartier libre. Je n'avais guère eu qu'une couple de semaines pour rentrer à Gournay, rouvrir pour lui la chambre de mon père et entamer ma lecture de la nouvelle édition des Essais dont il m'avait remis, en guise de consolation, à mon départ de Paris, un exemplaire relié, dédicacé

« à ma très particulière et affectionnée lectrice d'élection ».

Il rit de ma surprise et déclara tout de go être venu chez nous travailler au calme à l'allongement de ses écrits :

— J'ai quelque espérance que vous pourrez m'aider, à commencer d'en préparer l'impression future et apprendre de moi comment en user avec la forêt d'allongeails, de papiers follets et de renvois dont j'enrichis chaque jour, ligne à ligne, l'argument de mes livres et qui tant font gémir mes imprimeurs.

— Vous m'en voyez fort ravie, et curieuse, et inquiète un petit peu. Car à vous lire, votre penser semble si rond, si abouti ! Ne craignez-vous point d'en alourdir les ailes et d'en gâcher le primesaut par ces conséquents rehauts et nuances ?

— Promettez-moi de me conserver toujours cette franchise relevée d'une lucidité hors de votre âge, Marie. Et n'ayez crainte. Point ne veux hypothéquer une ligne de mes écrits, sinon prendre note pour moi, et le partager avec mes lecteurs, du mental trajet dans le temps qui conduit à chaque publication renouvelée de mes Essais. Si quelque verger a poussé depuis le dernier passage de l'un d'eux, là où il n'avait vu qu'une pensée en friche, si quelque ouverture s'est faite dans la muraille de mon raisonnement, si quelque crevé de lecture neuve y chatoye d'un éclat singulier en son austère étoffe, doit-il me le reprocher ?

160

— Assurément non, Monsieur, ce qui ne l'empêchera peut-être pas de se plaindre de vos façons et
de refermer le livre sans aller plus avant, fatigué de
l'effort avant de l'avoir entamé. Ce serait pitié. Pour
moi, l'idée ne m'en effleurerait pas et ce dialogue
spirituel de l'auteur au lecteur m'enchante. Ainsi, je
prétends vous avoir un peu lu, et j'ai remarqué aussitôt la ligne ajoutée au chapitre dix de votre livre
second où vous précisez que le cinquième livre de
L'Énéide a votre prédilection. Ce passage de vos
Essais me servant de guide *ès librairie*, je l'avais voulu
relire avant tout. Votre supplément m'a comblée.
Une fois de plus, j'ai suspendu ma lecture pour tourner les pages de mon Virgile, comme vous dûtes le
faire aussi, avant que d'ajouter cette mince remarque
de si subtile conséquence à qui vous veut connaître.
J'ai relu la célébration des mânes d'Anchise, les jeux
où de jeunes héros troyens rivalisent d'adresse, le
songe d'Enée, la colère de Junon et la mort du pilote
Palinure. Redécouvrir avec vous un auteur aimé,
entendre votre voix converser tout haut sur le papier,
suivre la trame de vos raisonnements dans le bruissement des pages tournées sont des attraits puissants
et font que je regarde votre œuvre à nulle autre
pareille. Mais d'aucuns, moins passionnés de vous
que moi, risquent de s'y perdre sans reconnaître le
paysage connu de leur dernière lecture, ou seront
contrariés d'y trouver de nouveaux escarpements et

taillis inconnus où devoir débusquer votre jeune pensée derrière vos vieilles idées.

— Voilà qui est parler haut et clair ! Depuis tant d'années m'entourent compliments et critiques dont je n'ai cure. Hier encore, mon ami, le juriste Étienne Pasquier, m'entreprit sur l'allure irrégulière et par trop gasconne du parler de mes Essais, se proposant de les amender en parisienne manière. Pour lisser son plumage de paon et détourner son bavardage, je lui ai promis de corriger mon ramage à la prochaine impression, mais je n'en ferai rien. Maudits soient les redresseurs, réformateurs et enjoliveurs de cet acabit. Ils me puent l'huile et la lampe. Qu'ils me refusent à la parfin brevet d'écrivain sera de peu d'importance si j'ai su toucher quelques honnêtes lecteurs. Pour moi, j'ajoute, mais ne corrige pas. Cela fait toute la différence. Pourquoi faut-il qu'une fillette le conçoive aisément quand un érudit s'y ronge les ongles ? Si je m'amuse à l'écriture, le lecteur s'y divertira. Si je m'y ennuie, je l'assomme à coup sûr. J'écris comme je respire, sans réfléchir à chaque goulée. La forme vient de soi quand on en sait le fond. Gascon je suis, gascon j'écris ! Grimace qui voudra du style de mon œuvre pourvu qu'il me soit tant naturel et franc qu'un parler du vrai de l'homme.

— Et l'homme s'y donne à aimer pour de vrai, croyez-m'en ! Sans doute n'auront-ils pas lu à suffisance ce passage de votre livre premier où vous expliquez à merveille que c'est aux paroles à servir et à suivre et que le Gascon y arrive si le Français n'y peut aller !

— L'émerveillable, demoiselle, c'est votre mémoire infaillible de mes écrits qui vous donne réponse à tout.

Oui-da les savais-je par cœur, ses Essais, et mieux encore aujourd'hui, après plus de dix lustres passés à les relire après lui. Par chance, les hommes n'ont guère idée des extrémités à quoi peut s'abandonner une fille amoureuse. Montaigne fit d'abord semblant de rien, comme si ce fût un mode de lecture ordinaire que d'en retenir quasi chaque mot à la lettre. Puis il s'en amusa à la franche marguerite, ne m'en aima que davantage et en usa d'abondance, prétendant que je me ramentevais mieux que lui-même de son œuvre.

Il me défia aussitôt de retrouver, en son livre deux, son bel éloge du Gascon des montagnes. Ce fut vite fait, au chapitre « De la présomption ». Contre la tyrannie de Pasquier et des puristes, il eut alors ce geste délicieux de m'emmener aux marges de ce qui est devenu « mon » chapitre, pour ajouter deux fortes lignes louant ce Gascon qu'il trouve « singulièrement beau, sec, bref, signifiant » ; « autant nerveux, puissant et pertinent, comme le Français est gracieux, délicat et abondant. »

— Voilà qui définit fort bien notre dialogue et

l'heureuse conjugaison de ma verve gasconne et de votre esprit français !

De fait, quand je songe au tourbillon de papiers dont il s'entourait, Arachné n'y eût point retrouvé le bout de son fil. En l'accueillant chez nous, ma mère lui fit visiter l'aile retirée du logis qui avait été le domaine paternel et où nous lui avions établi ses quartiers, à l'abri du remue-ménage de notre maisonnée. Avisant une resserre ombreuse où nul n'entrait plus depuis la mort de mon père, sinon pour y entreposer des pommes, il s'enquit si elle lui en laisserait la commodité. Il y avait là une immense tablée dont les panneaux vermoulus, débarrassés de leur jonchée de fruits, furent bientôt recouverts de ses écrits. Les feuilles s'y imprégnèrent de leur rouge parfum. Aujourd'hui encore, le nez sur une pomme, je ferme les yeux et Montaigne est là. En bon architecte, il pouvait ainsi embrasser le plan complet de sa création comme un peintre à fresques trace sur le papier le carton du plafond qu'il s'en ira peindre à la chandelle en haut de son échafaudage. Il me conta avoir vu en Italie de tels appareils et avoir longuement songé à la difficulté, à l'importance de considérer l'ensemble quand on travaille, le nez sur le détail. Chaque chapitre prit sa place marquée sur la table et je fus très vite à même d'en reconnaître l'ordonnancement intime et de m'y repérer avec assurance, lui tendant sans délai la liasse qu'il requérait pour y ajouter telle ou telle remarque ou réflexion.

Son héritage, mon père d'alliance me le transmit sur le vif de ses pensers et de son écriture. De prime, il me montra à en déchiffrer la ligne tant nerveuse sous sa plume et réputée peu lisible. Mais moi, je le lisais de toute mon âme. Ses pleins et ses déliés me devinrent aussi familiers que les miens, à sa satisfaction avouée. Il me prévint cependant qu'il lui arrivait de dicter ses ajouts à une plume mercenaire ou amie quand sa paresse se refusait à courir après sa pensée. Il me faudrait par conséquent m'habituer à ces changements de main et, à l'occasion, lui prêter la mienne ! Jugez si je me rengorgeai, moi, studieuse bachelette aux savoirs imparfaits, d'être conviée à ces littéraires agapes !

Secondement, il m'expliqua l'obèle, la marque dont il usait pour greffer ces rejets sur la branche majeure de son texte :

— Voyez ce signe, Marie. Trois traits y suffisent. Une barre verticale ferrée de deux traits brefs à chaque extrémité. Tant me plaît cette petite broche que les copistes alexandrins dénommaient *obélos*. J'ai fait mien ce signet de leurs hésitations sur l'authenticité de tel ou tel vers d'Homère. Il saura vous parler quand je me serai tu. Suivez-le à la trace. Il indique le point de bifurcation où enchâsser mon ajout dans mon texte. Prenez garde toutefois qu'il m'arrive de mettre des additions aux allongeails, non par goût de vous compliquer la lecture, mais par devoir de précision et volonté de ne rien celer de l'acheminement de ma pensée vers son terme. Mon désir céans est de vous accoutumer à en suivre le mouvement retors pour être à même, le moment venu, de dévider le fil de mes écrits et nous mener hors de leur labyrinthe avec la prudence, la fidélité d'une Ariane.

— Et ses larmes aussi, car si je vous entends bien, vous projetez bel et bien de m'abandonner en mon île déserte !

— Enfant, le temps nous est un cruel Minotaure et je me vois en passe d'être dévoré bien avant vous. Du moins vous laisserai-je mon livre et mes obèles quand Ariane n'eût que peloton de ficelle !

— Bah ! quelque Dionysos viendra me sauver de l'exil et tirer à soi le fil délaissé par l'oublieux Thésée !

— Par ma foi, je vous l'interdirais bien si je ne vous le souhaitais pas tant !

Le rire nous écartait, alors, du désespoir où nous refusions de nous noyer. De nous aimer si fort mettait sur l'avenir le voile tremblant dont la chaleur du soleil d'août brouille nos plaines. Depuis, je suis restée bien isolée en ma Naxos et si j'y trouvai quelques divertissement, consolation et oiseaux de passage, nul autre demi-dieu ne me vint sacrer son égale.

— Reprenons ! disait Montaigne.

Et moi, de rattacher d'une voix sourde le nœud de sa pensée au point où nous en étions avant la sieste ou la promenade, pour le simple bonheur de voir renaître sur ses lèvres le bref sourire qui me disait combien il était heureux de mon attentive présence à ses côtés. J'apprenais sans m'en apercevoir mon futur rôlet d'éditrice de ses écrits. J'y gagnai la force de résister par la suite aux menées successives des imprimeurs acharnés à en modifier le sens et la disposition. Ma mémoire fidèle se réfère sans hésiter aux indications que me donna alors Montaigne pour me familiariser avec les milliers d'allongeails à venir qu'il faudrait bien réinsérer un jour à leur juste place dans le texte définitif de son œuvre posthume.

N'en déplaise à Charron, Pasquier et quelques autres, toujours prêts à se demander quelle guêpe l'a piqué d'initier un tendron de mon acabit à cette pénélopienne tâche, il m'en jugea capable et je prouvai jusqu'à plus soif qu'il avait eu raison. Non qu'il m'en coutât. L'apprentissage en fut plaisant, heureux, quoique difficile. Il me fut un maître plein d'esprit et de liberté qui n'avait pas peur de ses idées, et s'enchantait de mon aisance à le suivre dans ses divagations érudites.

Fous de mots nous étions, enivrés de nous les jeter à la tête, de faire assaut d'idées, de débourser nos lectures, de dilapider nos richesses, de nous rouler avec délices dans le foin tendre du langage. Ainsi en alla-t-il de l'allongeail qu'il écrivit au chapitre douze de son livre deux. Cette « Apologie de Raimond Sebond » lui est un livre au sein du livre et en marque l'apogée. De même, le chapitre vingt-huit, « De l'amitié », est le tumulus du livre un, où repose l'âme de La Boétie et où furent imprimés ses sonnets pour la première fois avant que la dureté des temps n'obligeât Montaigne à les enfouir en son cœur. En y recherchant, pour guider mes réflexions nocturnes, le passage sur l'infinie petitesse de l'homme au regard de l'insondable voûte céleste et son incommensurable présomption à s'égaler à Dieu, il me lut tout haut ces lignes où il démontre à l'envi que la bête, l'enfant et l'amoureux, en nous, savent aussi bien se passer des mots pour communiquer, sans s'y tromper, ce qu'ils ressentent et parler d'abord avec les yeux :

— « Les amoureux se courroucent, se reconcilient, se prient, se remercient, s'assignent et disent enfin toutes choses des yeux : E'l silenio ancor suole haver prieghi e parole... » Et le silence encore est capable d'avoir prières et paroles, traduisit-il à mi-voix. C'est Le Tasse qui dit cela dans *Aminte*, je crois. Il faudra vérifier, murmura-t-il, comme pour lui-même.

Puis il se tut, brusquement conscient de la portée de ses propos. Son regard accrocha le mien et je le déchiffrai sans peine. Vit-il sur mon visage ce qui rendait mon innocence si savante ? Ce fut un de ces instants stridents où les âmes sont sourdes à tout ce qui n'est pas l'autre. Au comble de l'égarement, je cherchai naïvement à le défier d'aller plus loin, pour mettre un terme, quel qu'il soit, à la force dévastatrice qui nous réduisait au silence :

— Quoi des mains ? lançai-je à l'étourdie.

Un autre que lui y aurait mis les deux pour me donner sa réponse, et tout eût été dit. Michel leva les siennes, qu'il avait belles, les agita doucement en marionnettes à hauteur de son visage et prit le parti d'en rire. Dévoyant notre émoi en comédie, il improvisa un jeu où je le suivis aussitôt. Une volubilité subite peupla le papier de mots. Notre dialogue fébrile y est resté gravé. Les mains étaient à l'évidence moins éloquentes et bien plus bavardes que les yeux. Du moins tant qu'on ne s'en servait pas. Tous les sentiments que nous évoquions, il les lisait en moi à livre ouvert tandis que je lui donnais la réplique avec une invention due au seul effet d'un accès de passion créatrice qui ne m'a guère repris depuis :

« Quoi des mains ? Nous requérons, nous promettons, appelons, congédions, menaçons, prions, supplions, nions, refusons, interrogeons, admirons, nombrons, confessons, repentons, craignons, vergognons, doutons, instruisons, commandons, incitons, encourageons, jurons, témoignons, accusons, condamnons, absolvons, injurions, méprisons, défions, dépitons, flattons, applaudissons, bénissons, humilions, moquons, réconcilions, recommandons, exaltons, festoyons, réjouissons, complaignons, attristons, déconfortons, désespérons, étonnons, écrions, taisons... »

Il y eut un « De la teste » sur la même veine, bien moins dangereux pour ma vertu, qui nous fit crier du bonheur de renchérir tant et plus l'un sur l'autre. À ce point que ma mère survint pour s'enquérir si nous querellions, nous trouva pliés de rire et s'en repartit en marmottant dans son tablier sur la folie des faiseurs de livres en général et celle de sa fille aînée en particulier.

— Quoi des sourcils ? Quoi des épaules ? demandai-je, insatiable, prête à continuer le jeu à l'infini.

— Et quoi encore ? me répondit Montaigne tout à trac, nous ramenant au commentaire salvateur et à la candeur du catalogue.

Quels sont ses mots, quels sont les miens, de cette rabelaisienne liste ? Son accumulation unique conserve l'écho d'un trouble dont je n'ai point à répondre ici.

Il faut le reconnaître, l'admirer et l'en remercier, Madame ma mère me laissa la bride sur le cou et me tint quitte pour le temps de la présence de Montaigne, d'obéir au vieil adage qui réglait la vie de sa maison :

— Lever à cinq, dîner à neuf, souper à cinq, coucher à neuf, font vivre d'ans nonante et neuf, serinait-elle en secouant ses six enfants de leur couche à la pointe de l'aube.

Inversant notre emploi du temps de façon à nous tenir tous deux à l'écart de l'ordinaire domestique, nous dormions à la fraîche, aux petites heures du matin, après être restés courbés sur ses Essais une grande partie de la nuit. À son réveil, il aimait faire une promenade dans la campagne. Puis nous nous retirions dans la réserve odorante dont il avait fait sa particulière librairie. Il en parcourait la longueur en terre battue à pensives foulées, tantôt silencieux, tantôt discourant. Immobile sur mon carreau de tapisserie posé à même le sol, j'attendais qu'il ait usé son idée, surveillant le rythme de son déplacement, heureuse de constater, quand tout soudain il me questionnait, qu'il n'avait pas une seconde oublié ma présence, assuré de ma capacité à le rejoindre à point nommé, cent pas plus avant, avec une réponse à lui faire. Nous lisions, nous réfléchissions, nous devisions et travaillions tout le jour, fors le temps que nous accordions au sommeil après dîner et aux étoiles après souper.

Pour me souhaiter la bonne nuit, il me baisait au front et il avait ce geste, à toute heure, de prendre ma figure entre ses mains en coupe, scrutant mon regard avec intensité. Mesurait-il ainsi l'étendue des ans qui nous séparaient ou l'intimité extrême où notre rencontre nous avait jetés ? Dix fois le jour, il se disait remué jusques au tréfonds de notre connivence, faisant fi des ans à son point de vue, et au mien, de l'océan de sapience qui nous séparait.

— Moutarde après dîner. Je n'ai que faire du bien dont je ne puis rien faire, l'avais-je entendu soupirer un matin par-devers lui.

En préparant, quelques années plus tard, la première édition posthume de ses Essais, le chagrin m'étreindra de retrouver ces mêmes mots dans un allongeail. Ils disaient l'amertume qui m'est devenue depuis si familière de voir la vie nous offrir hors de saison le bonheur qui eût si bien assaisonné notre plat quotidien. Pour lui c'était trop tard. Pour moi il vînt trop tôt. Et cette formule lapidaire de l'injustice du sort me brise toujours le cœur à la relire.

En bon écrivain, il recueillait chaque grain d'émotion, de sentiment, rire, indignation ou chagrin, chaque événement, petit ou grand, chaque pensée, profonde ou légère, entre les pages de l'incroyable livre de raison que lui furent les Essais en la plénitude de son âge. Cet été-là y a laissé sa trace à foison. Contrairement à moi, il était cruellement conscient de la brièveté du temps dont nous disposions. Moutarde folle, ma jeunesse fougueuse lui montait au nez au moment même où il s'était quasi résigné à ne plus avoir d'appétits. Avec sa droiture et sa sincérité, il ne pouvait s'empêcher de déplorer que je vinsse si tard dans son âge, combien que nous ayions cueilli avec avidité et à pleines brassées tous les fruits que nous pouvions de cette unique saison offerte par une destinée facétieuse.

Et moi, sans voir l'ombre portée de la mort sur nos pas, je m'ingéniai à lui prouver, à ma mode espiègle et jouvencelle, tout ce qu'il pouvait faire du grand bien que je lui voulais.

19

Moi avec lui et moi sans lui sommes absolument deux. Sur le tympan patiné des presses du temps, l'ardillon de ma mémoire fixe l'image d'une autre Marie. Celle que je fus avec lui. Celle dont je cherche céans à éclairer l'histoire. Car si le monde entier prétend en savoir la surface mieux que moi, je suis la seule à pouvoir en dire l'envers. Quand, sans lui depuis si longtemps, je parle de cet ancien moi qui fut tout un été sa compagne, il me semble peindre la fille enfantée par mon cœur. Si la connais-je mieux que quiconque, tant m'est lointaine à présent que pucelle mariée de longue date l'est à sa mère.

Au rebours du sort commun, ma descendance m'a précédée : je regarde comme mon enfant la donzelle que j'étais quand Montaigne me choisit pour sienne. N'en déplaise à Messieurs les censeurs et autres aca-démicoles, cette fille d'alliance est la nôtre. Il nous fallut être deux, et ensemble neuf mois durant, de mars à novembre 1588, pour la créer. Jamais n'en désirai d'autre. Par la suite, je labourai dur à tenir ses promesses filiales, à rendre à son père les promesses qu'il en attendait. Bonne ouvrière je devins, dirigeant sur ses indications les impressions successives des Essais avec le même soin que les mues de ma longue existence.

Plus fidèle est la mémoire des livres et des paroles que celle des visages et des voix. Narcisse eût mieux fait son compte en se décrivant *ès* rimes immarcescibles qu'en se mirant dans l'onde d'un étang. Les dieux sont moins sévères aux écrits qu'aux miroirs quand ils ont le génie de nous peindre tous, femmes ou hommes, au travers d'un seul qui se livre. Et c'est moi qui reçus punition pour avoir voulu rechercher jusques aux portes de ma mort, penchée sur les Essais, le reflet unique de celui dont j'étais éperdue.

Cinquante et quatre ans m'ont été depuis avalés comme une eau vive en un trou de sable. Le temps s'épuise à maintenir fidèle et clair en moi le dessin de Michel de Montaigne. Le tout m'échappe, figé dans les portraits qui ont accoutumé d'orner le frontispice des Essais. Le détail suffit encore à m'émouvoir. Mieux me ressouvient du geste que du trait. Mieux me ressouvient de la complicité, de la franchise de son regard quand une mienne réflexion surprenait son entendement. Tant plus me creusais la cervelle pour mériter si pénétrante attention. Mieux me ressouvient de sa belle main soutenant un livre, caressant les pages une à une pendant ces chaudes après-dînées où nous lisions de concert dans une paix bienheureuse, des heures durant. Lui, tout entier à sa lecture, moi, tout entière à lui.

Point n'osé-je encore aujourd'hui nommer amour l'émoi qui m'agitait à l'idée de cette main se posant sur la mienne dans l'élan de son approbation. J'aimais sa façon d'entourer mes épaules d'un bras tandis que l'autre traçait en l'air les gestes de ses idées. J'aimais qu'il m'entraînât ainsi sur le promenoir, à grandes enjambées de cavalier, habitué à arpenter ses méditations par les bois et les champs. Mon enthousiasme à le suivre était plus passionné que pupille d'Aristote aux jardins du Lycée d'Athènes.

Femme étais-je, assez, pour me troubler de sa présence massive et n'en être jamais rassasiée. Je respirais avec délices l'air qu'il remuait et heurtais à la vitre de son esprit comme noctuelle avide de lumière. Femme étais-je, aussi, pour saisir son trouble égal au mien, l'attrait de ma robe prétexte, le débat de ses élans et de sa raison, la jubilation de nos échanges, la jeunesse du lien dont nous nous appliquions à former un nœud après l'autre pour l'évader du puits mortel où l'âge l'avait jeté.

Femme, je fus par lui regardée, écoutée, accompagnée, comprise, consacrée au plus haut degré de l'estime et de l'attachement mêlés, esprit et corps réconciliés en cette fiance qu'il marquait en moi et en notre amitié. Il me prenait sans vert, heureux de mes réponses, tendre à mes élans, fier de mes dons, vigilant à mes lectures. Avec lui, je pouvais être enfin moi tout mon soul, sans fards et sans conditions. Plus me fiai à lui de moi qu'à moi. Il en fait la définition même de l'amitié. Ce qui reste vrai en amour.

Jamais il ne joua les Pygmalion comme tant de grands hommes que je vis, enclins à façonner la femme, imprudente assez pour les aimer, à les admirer au prétexte de former son esprit. Car ils ne la veulent pas pour ce qu'elle est, mais pour ce qu'elle leur est. Ils ne l'aiment pas pour elle, mais pour eux seuls. Le reflet poli qu'elle donne de leur vanité trahit leur mépris pour l'objet de leurs soins. Statufiée à la bécasse, la malheureuse se voit encore galatéenne statue de marbre qu'elle est déjà à la poussière, reléguée aux tablettes de l'oubli. Posséder la statue leur a suffi. En entretenir l'éclat ne les intéresse pas et ils se fatiguent de leur œuvre d'autant plus vite qu'ils l'ont créée à la diable.

Point ne fus, croyez-m'en, bloc de marbre entre ses mains. Point ne voulut modifier en rien celle que j'étais à sa convenance comme à la mienne. Mes défauts le portaient au rire et, je le découvrirais plus tard, les siens me le rendent bien plus vivant que les infinies qualités dont ses amis l'ont momifié.

20

Le huitième jour d'août 1588, Montaigne s'éveilla d'une humeur marmiteuse qui lui dura jusques au soir. Avertie de ses façons de songe-creux, je l'avais assuré qu'il pourrait s'y adonner en toute liberté sous notre toit sans que quiconque osât troubler son isolement. Quand il se déclara ce matin-là mousse et amateur d'ombre, point ne m'inquiétai outre mesure. Je respectai notre marché. La cause pouvait en être la chaleur, mais aussi le contre-choc des fatigues de sa chevauchée et des soucis qui avaient agité les semaines précédentes. Le silence seul saurait le guérir. Ne me restait qu'à défendre sa porte et sa quiétude contre les bruits importuns, le galop de mes frères, le babil de mes sœurs et les jacasseries des servantes. Ce que je fis.

Le temps était à l'orage, étouffant bêtes et gens d'intempestives moiteurs, coupant les appétits et moirant l'air dans les prés. Mais notre épaisse maison picarde avait une température de cave. Montaigne s'y tint retiré tout le jour entre lire et somnoler, un linge mouillé au front, sans autre faim que d'eau claire. À la pique de l'angélus, j'eus l'idée de lui porter deux melons rafraîchis au courant de la source, gageant qu'ils le pourraient tenter :

— Heureuse inspiration que la vôtre, Marie, et tout à plein dans la ligne de votre incroyable divination à mon endroit. Bien sais-je que vous ne requérez de moi nulle explication sur cet étrange accès de mélancolie. Mais votre patience la mérite. Du reste, elle est assez curieuse pour vous plaire et vous donner de nouveaux sujets de méditation.

— Vous le dites vous-même au chapitre « Du pédantisme » : comme les plantes s'étouffent de trop d'humeur et les lampes de trop d'huile, l'action de l'esprit par trop d'étude et de matière perd le moyen de se démêler. Aussi me proposai-je de vous fournir ensuite une étrille à carder vos pensées !

— Méchante ! vous vous moquez. À qui d'autre pourrais-je confier le singulier mystère de cette faiblesse ?

— Monsieur, je suis tout ouïe, encore que rien ne vous oblige à m'en donner raison.

— Taisez-vous, enfant, et m'écoutez sagement :

« Ce jour d'hui est le huitième du mois d'août. Naïve que vous êtes pour croire immutable le cours du temps. Mais moi, voyez-vous, je suis des années auxquelles nous comptions autrement. Vous en souvient-il ? Voici déjà sept ans, le pape Grégoire XIII nous déroba dix jours pleins de vie. Son arbitraire décret fut que le lendemain du neuf décembre 1581 serait non point le dix, mais le vingt décembre ! Ce fut proprement remuer le ciel et la terre à la fois. Imaginez le destin de l'enfançon qui eut la curieuse idée de naître durant cette monstrueuse nuitée !

« Omnipotence papale censée infaillible à commander les actions des hommes comme le calendrier de leur fourmilleuse existence. Hérétique suis-je, assurément, car jamais ne m'acclimatai à ce papalin changement. Ainsi le pourrez-vous lire aux dixième et onzième chapitres de mon tiers livre : d'historiques, d'astronomiques et de très sages raisons furent données à cette éphéméride accélération. Abstraites raisons qui me prirent par le travers et me firent dériver à la déraison.

« Car cette temporelle ellipse me causa un profond déplaisir en ce qu'elle bouleversait ma personnelle histoire et me fit durement ressentir l'éphémère compte de mes jours en cette terre. S'il ne troubla ni le chant du coq, ni la couvaison des poules, ni la migration des tourterelles, ni le brame du cerf, ni le tracé des labours, ce branlebas fut douloureux à tout être doué de conscience et capable d'en ressentir les incertitudes. Sans parler du désordre qui s'ensuivit, de la difficulté d'avertir en temps et en heure la foule des populations de la décision romaine, et pis, de la lui expliquer ! Le curé s'époumona en vain du haut de sa chaire. Ses ouailles n'écoutant que d'une oreille l'entendirent tout de travers. Il y eut ceux qui manquèrent la Noël 1581 et ceux qui, dans le doute, la fêtèrent deux fois. La confusion des dates provoqua maints tracas et picailleries infinies. Fallait-il, par exemple, payer les gages entiers de ce mois cruellement amputé ? J'aurais quant à moi volontiers renvoyé aux calendes grecques ces faiseurs d'almanach. Étrange aventure, pour un homme mûr, ayant passé plus de quarante et huit années à parcourir d'un grave pas et d'un grave souris chaque jour que Dieu fit, à tenir bien pleines ses heures pour sa plus grande gloire, que de voir tout soudain dix feuilles de son éphéméride arrachées d'un coup, à l'improviste, par une main qui pour être sacrée n'en sembla pas moins sacrilège !

« Qu'y puis-je si la nuit du neuf au vingt décembre 1581 ne m'a point duré davantage qu'une autre ? Depuis, j'ai toujours l'esprit décalé d'un dizain, quand bien même ai-je l'impression de m'y être accoutumé. Et ce jour d'hui n'y a pas failli. Ce huitième jour du mois est, en mon privé décompte à l'ancienne, le dix-huitième d'août. Funeste date anniversaire de la mort de mon ami Étienne de La Boétie, voici tout juste un quart de siècle. Ce matin, au réveil, mon esprit, suivant le nouveau calendrier, se croyait au huit août. Mais mon corps, plus avisé, se savait au dix-huit et en éprouva aussitôt grand deuil. Des heures se passèrent avant que la vérité de mon intempérie me soit évidente. Mon corps, fidèle comme un vieux chien, hurle à la mort de l'ami quand mon esprit y survit, ne sais comment, depuis vingt et cinq ans. La pensée de lui m'accompagne chaque jour et la moindre de mes actions, le moindre de mes écrits, s'accomplit en sa haute exigence. Mais si mon esprit s'en accommode tant mal que bien, au jour dit, mon corps, écartelé sur l'estrapade du temps, crie à l'injustice de continuer seul à vieillir, se déliter et rider.

« Le scandale est d'avoir sans lui vécu, aimé, lu, écrit, pensé, voyagé. Aucun roi, aucun puissant ne me l'a remplacé combien qu'ils m'aient honoré de leur amitié. Étienne était une grande âme. Une âme à la vieille marque comme l'est la vôtre, Marie, toute jeunette fussiez-vous. Et si, d'un léger miracle, notre nouveau pape Sixte Quint voulait bien jouer à son tour de la plume et biffer les années écoulées afin que vous puissiez rencontrer Étienne, nous serions, tous trois, parfaitement heureux. Cela n'adviendra pas et c'est sagesse. Car je doute que cette sorte d'amitié pût être double. L'amitié de quoi je parle n'a point de bornes. Ni d'âge, ni de temps, ni d'état, ni de sexe, ni de convenances, ni de préséances. C'est un don. Un élan qui vous prend tout entier. D'esprit, d'idées, de cœur, de peau, de corps et d'âme. Une amitié qui préférerait être traître à soi-même ou aux siens que de trahir l'ami. Qui vous tient jusques au dernier souffle et à laquelle la mort même ne peut rien. Un gage que je ne pensais plus connaître en cette vie. En quoi notre alliance fait date, Marie.

Fortune me donne une chance de survivre en vous comme Étienne a survécu en moi par la puissance de l'amitié. Vous seule êtes capable de poursuivre la vaste lecture du monde et de ses œuvres à travers la mienne comme je le fis à travers celle de La Boétie.

« Mes Essais vous seront un viatique entre les pensers déserts, les âmes mortes, les compagnies arides et les ans interminables. Plus solitaire sera la traversée d'avoir connu l'éblouissement d'être deux. Plus riche aussi. Ce qu'il me fut, je vous le serai et vous me l'êtes déjà qui apaisez ce jour la néantise dont j'étais tenaillé.

« Ne dites rien, Marie. Notre amitié nous sauve l'un en l'autre. Pour le reste, les ans nous sont contraires et aucun Pape ne pourra rien pour nous, encore que le défunt Grégoire méritât bien pour finir son gentil nom de Buoncompagni ! »

Cette ultime petite pointe ailée pique ma remembrance comme clou de tapissier sur mes émotions passées. Tant il est vrai que le détail échappant à l'attention du présent a le particulier pouvoir de garder le passé vivant. Destiné sur-le-champ à détourner notre émotion en rires, son appel au Pape me tire des larmes cinquante-quatre ans plus tard.

Pauvre Sixte Quint ! Il ne sut pas machiner à remonter le temps pour nous sauver. Son prédécesseur avait accourci le calendrier sans du tout connaître l'astronomie, de même qu'il avait accourci les Essais peu auparavant, sans du tout entendre le français, de maints passages et mots jugés mal catholiques par ses doctes juges, avant de restituer à Montaigne son ouvrage religieusement châtié selon leur profane opinion. La punition se continua d'un même mouvement ainsi qu'il me le raconta :

« Mon retour en Gascogne après mon périple italien datait de quelques jours quand Sa Sainteté me fit cette nouvelle misère. Rentrant à Montaigne le trente novembre 1581, le mois de décembre n'eût pas été de trop pour m'occuper de mes affaires courantes avant que de me rendre en Bordeaux où les Jurats me convoquaient sans pitié combien que je le désirasse peu. Quand je m'y transportai le trente décembre comme prévu, il s'en fallait de onze jours pour tout terminer qui jamais ne me furent remboursés. Aussi ai-je décidé de les reprendre à usure auprès de vous, Marie, puisque Fortune nous a réunis céans, n'en déplaise au Pape qui a ce mot en détestation et me le fit retrancher de mes Essais sans pouvoir, Dieu merci, le retirer de ma vie. »

Les Papes en usent avec le calendrier autrement que le commun des mortels, mais ce n'est guère à miracle. Car la papale fatalité semble accélérer la fuite des jours et non en ralentir le flux par décrets et bulles. Des Papes, j'en vis consacrer une neuvaine. Depuis Grégoire XIII qui donna audience à Montaigne lors de son voyage à Rome en 1580, jusqu'à Urbain VIII sous lequel j'écris ces lignes. Si je consulte mes tablettes, Sixte Quint ne nous dura que cinq ans, Urbain VII

quelques jours de septembre 1590, Grégoire XIV une
seule et unique année et Innocent IX trois mois de
1591 en tout et pour tout ! Pour un Clément VIII,
sacré six mois avant la mort de Montaigne et qui nous
resta quinze ans, suivit un fugace Léon XI du mois
d'avril 1605. Pour seize ans d'un Paul V, nous eûmes
six mois de Grégoire XV en 1623. À l'heure où j'écris,
je ne puis assurer que le bon Pape Urbain qui nous
mène depuis près de vingt ans sera le dernier de ma trop
longue existence. J'en vécus sans Montaigne un quart
de siècle de plus que lui sans Étienne. Nulle rémission
papale ne me fut accordée.

Tout dans l'attitude et les paroles de Montaigne
me disait en douceur « je pars » pour ne pas dire « je
meurs », mais point ne voulais l'entendre. De ces
dialogues dont la moindre parole reviendrait à la
surface le moment venu, le sens profond tient en
une seule interrogation : comment vivre sans lui et
lui faire survivre son œuvre ? Voilà ce que Montaigne m'enseigna sans désemparer, patient à mon
refus juvénile de concevoir notre séparation. Le
moment venu, le rappel des signes précurseurs de
son départ imminent m'accablerait pour n'avoir pas
su les déchiffrer. Ce n'est que bien plus tard, dans
la nuit de l'absence, que chaque mot prononcé aux
jours heureux nous devient prophétie.

Ce soir-là, huit août 1588, il me demanda de l'appeler Michel et non plus Monsieur. Ce soir-là, il me

nomma sa fille bien-aimée et nous scellâmes notre lien sous les étoiles dont l'éclat brûlait de la poudre ardente de ma joie. Ce soir-là, bien plus tard, je baptisai Étienne, Michel et Marie les trois étoiles brillantes que nos paysans nomment les trois belles d'été. Leur triangle aigu est à son zénith au mois d'août et demeure au zénith de ma vie. Dans l'alma-geste de nos nuits, leur apparition donne le signal des moissons. Vendanges faites, elles s'éteignent de notre ciel pour aller, qui sait, briller ailleurs. Fidèle je suis restée à leur rendez-vous. D'année en année, quoiqu'il advienne, leur retour me donne une assu-rance nouvelle de la passion secrète qui me lia à Michel de Montaigne.

21

Le onze août, un courrier de son théologal ami Pierre Charron manda Michel en Paris, me causant une vive contrariété. Son arrivée en fanfare avait désommeillé la maison, fait hurler les chiens et secoué le calme matinal d'un vent de panique. Essoufflé, poussiéreux, malengroin, l'homme requit sans délai audience de Montaigne et ordonna qu'on le réveillât sur-le-champ. Ce grand corbeau à la défroque méprisante me semblait de mauvais augure. Qui osait donc prétendre nous séparer si vite ?

— Mais sans doute le roi, Marie, auquel je me dois, combien que je préférasse demeurer céans avec vous, me souffla Michel pour me consoler.

Cheval sellé, il partit dans l'heure, n'emportant en ses poches que le chapitre auquel il labourait et me laissant le reste en gage de son prompt retour. Pour attentionné que ce fût, je ne m'illusionnai point. Si sa mission devait lui durer, il m'enverrait un serviteur demander son reste.

Trois jours de plus et il était de retour, fourbu, irrité, le front barré d'un pli soucieux. Il me surprit en notre salle d'études, appliquée à la lecture de son troisième livre.

Qui que ce soit qui me lira, si jamais Montaigne ne vous tomba entre les mains, ou s'il vous tomba des mains dès les premières pages, donnez-lui une autre chance. Revenez à ce livre trois et commencez par là. Faites-moi cette grâce et faites-vous ce plaisir de découvrir les Essais par le cœur plus que par la raison. Voilà ce que je dis toujours à ceux qui tordent le nez à Montaigne.

C'est un privilège de l'amitié dont je me réclame hautement que d'être la seule à pouvoir dire combien l'homme, en ces ultimes pages, se dépeint sur le vif, tel qu'il était quand je le connus, quatre ans avant sa mort. En son livre premier, il avoue ses trente-neuf ans et en comptait cinquante-cinq ce fameux été 1588 où je découvris à voix haute, dans un dialogue sans façons qui décuplait le plaisir de ma lecture, son merveilleux tiers livre.

Pourquoi recommandé-je toujours à ceux qui déconnaissent Montaigne de commencer par ce dernier ? Parce qu'il est le plus bref et redit l'ensemble différemment. Parce que vingt années se sont écoulées d'un livre l'autre, comme grains de sapience au sablier des Essais. Parce que c'est le bout du chemin d'où il revint sur ses pas en ses dernières années essaimer ses allongeails et raviver la sève des premiers livres. Son œuvre se renouvelle à la manière des saisons, toujours semblable et différente selon que l'âge vous aura rendus plus audacieux, fatalistes ou frileux. Faites donc comme lui : moissonnez le grain mûr pour mieux apprécier le blé en herbe. Vous verrez qu'il s'y découvre à la parfin « tout entier et tout nu » selon son vœu initial, moins sentencieux et plus humain, moins austère et plus jouissant, moins savant et encore plus prime-sautier. Il a beaucoup vu, beaucoup lu. L'essentiel a été dit auparavant. Hommages rendus à Étienne et à son père, graves pensers, hautes considérations, exemples illustres, sont la farine des livres un et deux. Toute sa librairie y passe, commentée, libellée, raisonnée, citée à comparaître à la tribune de son esprit. Ce troisième livre le trouve enjoué, humble et sincère, détaché des apparences, sûr de ses manques, amusé de ses faiblesses, agacé de ses corporelles intempéries, amoureux de ses livres, ami de ses amitiés, libre de ses essais, si proche de nous, paré à la mort et moins paré à mourir que jamais. Sa pensée y prend une force nouvelle de n'avoir plus besoin de s'appuyer sur les cannes du savoir. Il use autrement des exemples tirés de ses lectures. De nouveaux ajouts iront adoucir et éclairer les premiers livres de cette humeur nouvelle. Le temps, les chagrins, les contraintes, les événements, les bouleversements et horreurs dont il a eu sa part ont fait leur œuvre. Il a quitté le théâtre des citations et mouillé sa chemise. Essoufflé par la course, il s'émerveille d'être sorti vivant et les mains nettes des guerres, parleries, embuscades et tourmentes. Il se sent prodige et prodigue enfant de son siècle, par où il s'apparente d'esprit, de cœur, de tripes et d'âme à ceux qui le précédèrent et à ceux qui le suivront, dont vous êtes ! Ses passions, humeurs, sensations, réflexions, considérations, terreurs, caprices, superstitions, amours, maladies, jouissances, dégoûts et gourmandises sont éternels, sont les nôtres, piètres humains, émerveillables humains, à qui la seule dignité en cette essoine est d'être soi sans honte, à son exemple.

Écoutez-le plus que ne le lisez. Sa voix y retentit telle qu'en ma mémoire. Il faut lire les Essais de Montaigne comme *La Sepmaine* de Du Bartas : à voix haute et avec l'accent gascon, ce débit chantonnant, un peu précipité, modulé de brefs silences, sachant prendre son temps pour goûter le sens et tâter l'épaisseur des mots un à un, ce parler d'un allant sonore, tempéré d'une pointe de nostalgie, d'une agreste élégance, qui prend les mots comme ils lui viennent, laisse l'idée aller l'amble, bouillonne d'énergie contenue, garde son cœur au bord des lèvres et roule doucement la grave des « r » sous la langue.

Quand je lui en fis la remarque, il s'en amusa fort :

— *Utinam !* Plût au ciel que Pasquier ne vous

entendît point proférer si grosse hérésie ! Il ne me pardonnerait point d'avoir imprimé l'air, outre les paroles, de ma gasconne chanson, manière tant déprisée de lui et qui tant le défrise.

Passe encore si Pasquier n'avait eu d'autre grief ! Mais il semblait que certains de ses amis eussent décidé d'une offensive contre ma fâcheuse petite personne. Rien ne put désarmer cette hostilité qui fit long feu au-delà de leur siècle. Siégeant en leur mâle certitude, le savant Charron, Pasquier le chicaneur et le magistrat de Thou se firent les juges de mon enfer personnel au nom de l'amitié et de l'admiration virile qu'ils portaient à Montaigne. De quoi un si grand esprit pouvait bien entretenir une caillette de ma sorte ? À quoi s'amusait-il avec moi ? En quels rêts le retenais-je et qu'avait-il besoin de me consacrer ainsi son temps, sans parler de loger chez moi tout l'été !

Michel accueillit assez fraîchement cette inquisition quand il comprit que le roi n'était pour rien dans son rappel en la capitale, mais l'excessive sollicitude de ses amis, mais leur volonté de remédier à un supposé égarement de sa part, mais leur désir de rompre notre incompréhensible lien. Il les pria vertement, à ce qu'il m'en dit, de ne point du tout me considérer comme une amusoire, mais d'ores en avant pour sa fille d'alliance et me dicta le soir-même les lignes de cet allongeail qui me poignit le cœur, fit trembler ma plume et, depuis, couler tant et tant d'encres révulsées par l'aveu d'une si déplorable passion :

— Écrivez, écrivez, Marie. Je veux qu'ils sachent, tous ces jaloux, sans le moindre doute, combien je ne regarde plus que vous au monde. Je veux vous donner témoignage écrit de mon estime et affection. Ainsi ces maussades chafouins trouveront-ils noir sur blanc dans la lettre de mes Essais une raison de se lamenter de n'avoir su eux-mêmes en éveiller de si vives chez moi.

Il inscrivit de sa main l'obèle qui m'insérait au chapitre de ses admirations dont ces Messieurs n'étaient point, apparemment. J'y figure en belle place, après Monsieur de la Nouë, le connétable de Montmorency, le duc d'Albe et le poète Turnèbe dont il fait de grands éloges. Et s'il m'advenait de m'en flatter outre mesure ou de préférer l'oublier pour ma tranquillité, il n'est que de me souvenir du titre et du début de ce dix-septième chapitre du livre deux, « De la présomption » : « Il y a une autre sorte de gloire, qui est une trop bonne opinion que nous concevons de notre valeur. »

Quand il me raconta l'affaire, je préférai d'abord en rire et baptisai sur-le-champ Minos, Eaque et Rhadamante cet infernal conclave, ces trois fesse-mathieux qui osaient me dénier les privilèges d'amitié et d'intelligence pour cause de féminité. La sentence des trois censeurs me condamnait à l'exil :

— Laissez-moi plaider coupable ! Si les redoutables juges des Enfers se rendirent à l'amour d'une mère et accordèrent à Proserpine six mois sur douze de bonheur filial, ne puis-je prétendre au même sort ?

— Leur propos n'est point de vous écouter, mais de vous écarter de mon chemin. Le mal est fait et je craindrais fort pour votre réputation si je ne détenais quelque pouvoir de parer leurs coups bas. Il faudra que vous en sortiez grandie. En cette fâcheuse occurrence, je vous dois à tout le moins un tortil d'amitié, une baronnie d'alliance. Ma protection s'étendra bien après moi sur votre tête et je vous enseignerai comment en user. Grand tort vous auriez, Marie, de tenir pour rien ces gallimarts, ou de vous harpigner avec eux à ce sujet, maintenant ou à l'avenir. Ils n'y ont aucun mot à dire, mais en feront maintes fables. Quant à m'interdire votre verte amitié à présent que j'y ai goûté, autant me vouloir abstème devant un flacon de vin de Graves !

Nul doute qu'un jeune bachelier eût reçu leur *imprimatur*. Montaigne avait raison. Bientôt, je cesserais de rire. Quand les monstres de l'Erèbe, la distance puis la mort, me l'eurent, selon leurs vœux, enlevé, je me trouvai seule à répondre de notre alliance et à en soutenir les termes face à leur arbitrage misogyne. L'envie est une fange tenace. Leur mépris m'éclaboussa durablement et je ne dus qu'à mon obstination de réchapper tête haute de leurs menées calomnieuses et de mériter depuis pensions et protections royales. Leur zèle contempteur s'acharna à me nuire. Quand sa beauté ne suffit pas à excuser le pouvoir d'une femme, il n'est que de la déclarer pédante ridicule ou redoutable magicienne. L'homme aura péché par orgueil ou faiblesse, sinon par luxure. Ma réputation de laide linotte absurdement coiffée du grand homme trop aimable pour le lui interdire commença avec eux. S'ensuivit jusques à aujourd'hui la rumeur sournoise qui me peignit bagasse savante, pecque provinciale, becque-cornue et succube de bibliothèque. À leur manière draconienne, ils me firent savoir par la suite de mille et une modes que, s'il ne tenait qu'à eux, ils m'effaceraient volontiers de la biographie de Montaigne où je faisais figure de superfluité.

La pasquille n'eut pas l'heur de plaire à Michel qui s'en indigna fort. J'eus beaucoup de peine à le dérider. Il me voyait nice et confiante en un avenir que j'abandonnais entre ses mains à condition qu'il voulût de moi. Le reste m'importait peu, mais il en mesurait, lui, les conséquences. Je conçois mieux à présent son souci de me préparer, outre à l'édition scrupuleuse de ses Essais, à sa disparition prochaine, à l'incompréhension des puissants, à la légèreté des riches, à la méchanceté des faibles, aux nuisances de la solitude et aux traitailleries de ceux qui voudraient faire picorée de sa mémoire et de son œuvre :

— *Cave canem !* Prenez garde aux chiens et aux jaloux, Marie. Leur morsure est fatale. Charron sait que je lui laisserai porter après moi les armes de Montaigne puisque je n'ai point de fils. Qu'a-t-il à faire du reste si ce n'est par vanité de figurer seul au registre de mon amitié ? En quoi il la mérite peu.

Pauvre Minos ! Je plaidai l'indulgence pour mes trois sombres juges. Comment leur en vouloir quand leur obstination à me nuire offrait à l'homme que j'admirais par-dessus tout si belle occasion de me déclarer publiquement ses attachements et considération ? Le résultat de leur complot le démentait absolument. Michel ne venait-il pas de me donner acte de son amitié en rarissime guise ? Ne leur avait-il pas tourné le dos, revenant à Gournay à brides abattues, une étrange colère dont je ne conçevais pas la raison éperonnant son allure ?

Reprenant ses allées-venues en notre salle d'études sur un rythme agité qui montrait l'énervement où ses amis l'avaient mis, il me conta l'issue de la querelle, après que je lui eus dit tout le bien que je pensais de son tiers livre :

— Dans vos deux premiers volumes, j'appréciais déjà à l'extrême le philosophe et le mémorialiste. Sénèque et Tacite n'étaient point vos cousins. Celui-ci nous donne à connaître de nous ce que vous livrez de vous. À vous lire, chacun peut ajuster à soi le miroir que vous nous tendez pour tirer notre réflexion vers le haut. Auparavant, je vous admirais. À présent, je vous aime.

Sa réponse fut un embrassement joyeux par où se referma aussitôt le cercle de notre amitié qu'on avait voulu interrompre. Sa contrariété le cédait au plaisir de me revoir. D'un mouvement d'épaule, il déprisa les importuns et entreprit de me conter la folle entreprise de ses amis, acharnés à le voir au péril d'une amitié dont ils ne purent jamais concevoir la portée, combien que je sentisse qu'il y faudrait du temps pour qu'il m'avouât tout ce qui, en cette expédition, l'avait mis de cette humeur de dogue :

— Vertement, je fis connaître à Charron ma déception de le découvrir si étroit et peu assuré de ses qualités qu'il se crût menacé par celles que je vous reconnais à l'égale des siennes et même supérieures de ne point en réclamer l'exclusive. Mon amitié ne se marchande point. Je hais l'impudence de ces tripotages. Tirer l'échelle après soi pour s'assurer que nul ne montera si haut que vous est dérisoire. Je jouis en pur Gascon de notre fraîche amitié et me moque bien que Charron en prenne ombrage, quand Pasquier m'en reproche le faux usage. Du jouir, l'un se pique de l'acte, l'autre de la lettre. Quant à Thou, trop raide pour oser jamais conjuguer un tel verbe, ne se mêla-t-il pas de m'en faire un sermon conjugal ! Pour moi, j'en use comme je l'entends. Ainsi que je l'écrivis au chapitre *Des cou-tumes anciennes*, chacun a ses règles et usances. Les miennes sont gasconnantes de Gascogne, quoi que ces Parisiens de Paris en aient. De tous les torcheculs ployés depuis notre bon Rabelais, le triple mémoire qu'ils me firent sur le sujet de notre liaison est des plus gargantuesques et des pires indiscrétions que je subis jamais. Aux Latins, le mot *éponge* paraissait obscène sous prétexte qu'on s'en torchait le cul. À ces nobles personnages, notre entretien paraît obs-cène en raison de nos sexes, de nos âges et de l'idée que s'en font leurs esprits médisants. Du diable si je me laisse embabouiner par leur malséance et jalou-seté à vous bannir de mon affection ! Bren des fats ! Si mon franc-parler leur semble d'un trop vil fumier, qu'ils se bouchent le nez et si votre personne n'a pas l'heur de leur plaire, qu'ils n'y viennent plus voir de si près ! Me navre toutefois leur incapacité à outre-passer les apparences et à vous accepter telle que je vous ai choisie pour mon amie très chère. Il y a là une leçon à tirer pour l'avenir, Marie. Notre amitié vous sera un boulet quand et quand je ne pourrai plus vous remparer de ma juste colère. Ils n'osent m'affronter mais reviendront, hardis, à l'attaque demain, si je ne suis plus à vos côtés. Le temps nous est hostile. Travailler à ma notoriété et vous y asso-cier est le seul expédient que j'imagine pour vous protéger des méchants. Il me faut y réfléchir.

Nombreux sont les reproches faits à Montaigne.

J'en suis un, vivant et depuis trop longtemps, aux yeux de certains de ses amis. Sans la vigile fidélité de Pierre de Brach, sans la volonté farouche de Françoise de Montaigne de faire respecter les vœux de son époux, j'eusse été écartée de l'histoire des Essais, notre amitié niée, sa langue épurée, censurée et ses papiers détournés.

Il y eut au cours des mois suivants d'autres brefs allers et retours à Paris. Autant d'occasions pour lui de s'essayer en vain à mettre un terme au soulèvement de ses amis contre moi, de leur faire un portrait détaillé de mes dons et de ma personne, de les avertir qu'il me formait à réviser ses Essais pour en conserver la lettre après lui. Leurs inquiétudes me valaient chaque fois des déclarations nouvelles, des paroles tant douces que je voulais bien mériter, encore et encore, l'opprobre de ces hauts personnages pour me les entendre dire tant et plus :

— Petite obèle qui mettez si extravagant allongeail en ce dernier chapitre de ma vie, comment leur avouer que ma seule raison de regretter au jour d'hui cette vallée de larmes, c'est qu'elle est devenue aussi celle de votre sourire ?

22

Sirius, l'étoile canicule de la constellation du Chien qui se lève ou se couche avec le soleil du vingt-quatre juillet au vingt-six août, chauffait à la furieuse un été lourd des menaces de l'automne. Michel, sa colère exprimée, en vint au fond de son malaise et à la cause véritable de sa rancune à l'égard de ses amis qui l'avaient obligé à ce retour précipité, inutile et à la parfin douloureux :

— L'été et l'automne sont saisons orageuses. Je hais le mois d'août, Marie, et septembre et octobre. En mon almanach intime, ils sont la proie des furieuses Érinnyes. Raison secrète de mon désir de vous rejoindre pour les passer en cette île d'innocence que m'est votre amitié et en votre terre de Gournay si heureusement écartée du bruit de la cité. Raison aussi de mon agacement à nous y voir rejoints par la rumeur stupide et dévastatrice. Mais mon ressentiment pour mes indiscrets compagnons est double. Vous qui savez si bien votre mythologie et jouez avec les noms des trois juges des enfers,

connaissez les Erinnyes, les trois Furies à la serpen-
tine chevelure, filles de la Nuit et de l'Achéron qui
ont pour nom Alecto, Tisiphone et Mégère. C'est à
elles qu'ils confient l'exécution de leurs jugements.
Leurs acolytes sont la Terreur, la Rage, la Pâleur et
la Mort. Les Anciens les voyaient planer sur la tête
coupable des hommes qu'elles précipitaient vivants
dans les pires tourments, prélude de ce qui les attendait après la mort.

Quand je vous quittai, nous venions d'évoquer la
mémoire d'Étienne. En arrivant à Paris, je comptais
encore les jours selon mon cœur, à l'ancienne mode.
Le soir du treize, l'embrasement du couchant sur les
toits de notre vieille cité me parut plus sanglant que
jamais. Aux berges du Pont-au-Change, je réalisai
soudain qu'il s'en fallait, là encore, de dix jours pour
que l'ébranlement de la monstrueuse nuit du vingt-
trois au vingt-quatre août 1572 assaillît nos esprits
chagrins et pleins de remords. Le glas du repentir
n'en sonnerait jamais plus l'heure juste. Quel ressort
très secret des décisions humaines poussa le Pape à
maudire ainsi de nos souvenirs la nuit exacte où le
massacre de la Saint-Barthélemy déchaîna un inhu-
main Tartare dans ces rues, sur ces grèves, transfor-
mant cette même foule dont je traversais asteure le
flux débonnaire, en carnassière curée ? Votre
paroisse de Saint-Germain-l'Auxerrois me fut un
pauvre refuge dans la lumière vacillante des cierges.
Chaque pavé, chaque dalle me semblait souillé du

sang de ceux qui, pour ne pas prier comme moi, n'en avaient pas moins été mes compagnons. L'obscurité des voûtes me résonnait aux oreilles d'une immense clameur de souffrance égorgée. L'horreur de ces pensées me fit si terrifique violence que je trébuchai hors les murs de l'enceinte sacrée, pris de nausées. En cette lointaine nuit aveugle des âmes, nulle merci n'avait été accordée, ou plus rare que goutte de rosée en un désert de pierres. Une longue marche me ramena du Louvre vers la place de Grève comme si tous les serpents des Furies fussent lâchés après moi. Usant mon angoisse sous mes semelles, je repris la rive gauche par le Pont-Notre-Dame. La Seine miroitait d'un éclat méchant, plus noire que le noir de cette soirée sans lune et semblait, elle aussi, fille de l'Achéron, mouvante des furieux venins et cadavres de la mémoire. L'idée me tint toute la nuit éveillé et en prières, horrifié de comprendre que j'étais le seul, en ce moment précis, à ressentir la lugubre conjonction d'un temps décalé pour tous, sauf pour moi, parce que, d'une certaine manière, Étienne y avait veillé pour l'âme de ses compagnons protestants, et vous aussi, Marie, qui en aviez ranimé la flamme ces derniers jours. Jugez quel était mon état d'esprit au petit matin et si je pus écouter avec aménité les récriminations de Charron sur le sujet controversé de notre amitié !

La grand merci, mon amie, de m'aider à traverser ce mois où j'ai tout perdu une fois avec Étienne et

le monde avec moi une seconde fois en cette tra-
gique nuit de la Saint-Barthélemy.

Nombreux sont les vertueux qui, depuis, s'indi-
gnèrent de ne pas trouver dans ses Essais des pages
définitives sur cette inexpiable tuerie commise au
nom de Dieu. À qui les veut bien entendre, s'y lisent
toutefois force mots à délivrer l'âme et la raison des
fatalités meurtrières où le siècle voulut nous
enfermer :

— « Chacun appelle barbarie ce qui n'est pas de
son usage », observe Montaigne en ce fameux chapitre « Des Cannibales » où je pointai, moi, sans
hésiter cette référence au massacre des protestants
qui échappa à ses mauvais lecteurs. Il est vrai qu'il
la place entre de modestes parenthèses :

« Je pense qu'il y a plus de barbarie à manger un
homme vivant qu'à le manger mort, à déchirer par
tourments et par géhennes un corps encore plein de
sentiments, le faire rôtir par le menu, le faire mordre
et meurtrir aux chiens et aux pourceaux (comme
nous l'avons non seulement lu, mais vu de fraîche
mémoire, non entre des ennemis anciens, mais entre
des voisins et concitoyens, et, qui pis est, sous prétexte de piété et de religion), que de le rôtir et manger après qu'il est trépassé. »

Voilà qui est chié chanté ! s'exclamerait un Pantagruel. Est-il pire abomination que de voir les visages
hier souriants et familiers du prévôt, du marchand

de drap ou du boulanger de votre rue se retourner soudain contre vous, excités par le sermon des prédicateurs, déformés par l'envie de vous tuer pour vos opinions jugées hérétiques et contraires aux leurs, vous regarder avec horreur comme une bête nuisible, se croire un devoir sacré de vous poignarder dans le dos, violer vos femme et fille, piller votre logis, égorger sans pitié vos enfants qui jouaient avant-hier avec les leurs ? Ces braves gens envoyés à la battue firent croisade au nom de Dieu et coururent sus au huguenot en qui on leur montrait le diable. Mais si le sang coula à gros bouillons, ce fut pour étancher la soif du politique davantage que du religieux. Ce cauchemar hante nos cervelles depuis bientôt soixante et dix ans et je n'en vois pas le bout. Montaigne en son temps connut à plusieurs reprises ces deux fléaux que sont la peste et la guerre civile. À ce qu'il m'en dit, il écrivit la majeure part du livre un de ses Essais au plus fort des guerres de religion, entre 1572 et 1573 :

— Philosopher sur l'horreur dans la tranquillité de ma librairie, en feuilletant Sénèque et Plutarque n'est pas non plus mon métier. Ces pages que d'aucuns me réclament à grands cris eussent été de la dernière indécence. Il est un temps pour écrire, un temps pour agir et il n'y a pas lieu de les confondre. En de si terribles circonstances, l'action est le seul prédicament et ne se peut résumer à remuer la plume sur le papier. Il me sembla plus urgent de m'essayer à établir de fermes principes et d'agir en conséquence sans du tout en faire état dans mes écrits. Mes Essais ne furent jamais destinés à l'édification de mes contemporains, sinon à me connaître moi-même, à rassembler mes forces, certitudes et exemples tirés de mes lectures pour oser m'en aller affronter le chaos du monde. Et que d'autres me suivent s'ils s'y reconnaissent ! De mes agissements, vous ne verrez dans mon ouvrage que l'anecdote, la raison et la morale. Le reste est affaire privée ou confession auriculaire. Si je me suis fait ambassadeur de la paix, ce n'est point pour l'aller proclamer aux quatre vents, mais bien pour l'instiller en confidence aux veines des puissants dans la mesure où je sais gagner leur confiance. Sortir de ma retraite me coûta beaucoup. Ma bataille se fit dans le secret, dans l'orgueil de mon indépendance, le respect de mes convictions, l'entregent parfois douteux de la diplomatie, la fermeté de mon jugement, le silence de ma foi. Pour mon honneur et celui de mes pères, je m'appliquai à devenir l'une des voix de la raison en ce siècle troublé. Car si l'on ne change pas le monde en écrivant, ne point se taire et parler à bon escient change tout !

Je ne sache pas non plus que Montaigne ait mis aucune tiédeur dans l'accusation répétée des extrémités auxquelles se laissent aller ceux qui se cherchent maintes excuses de tuer et violenter quiconque pense différemment d'eux ou leur est étranger. Il y revient au chapitre « De la cruauté » quasi en mêmes termes et ajoute : « Je hais, entre autres vices, cruellement la cruauté, et par nature et par jugement, comme l'extrême de tous les vices. »

Et traite pareillement de pure cruauté toute mort qui expédie l'âme au sein d'un enfer de tourments immondes à dénaturer celle du tourmenteur aussi bien que celle du supplicié : « Quant à moi, en la justice même, tout ce qui est au-delà de la mort simple me semble pure cruauté, et notamment à nous qui devrions avoir respect d'en envoyer les âmes en bon état ; ce qui ne se peut, les ayant agitées et désespérées par tourments insupportables. »

Phrase qui lui valut les foudres papales et me valut maintes pressions des bien-pensants qui la voulaient corriger pour le bien de sa réputation dont je les priai sèchement de lui laisser la charge.

Familles démembrées par la dispute, cités dépecées vives par l'intolérance, hommes de bien arquebusés ou passés au fil d'épées traîtreuses : les intérêts croisés de la religion et de la cupidité pipent les dés d'un triste jeu de dupes où nous fûmes tous engagés malgré nous, du plus grand prince au plus humble valet, pour des générations. Le massacre des innocents a eu lieu et nous en respirons l'atmosphère malsaine quand bien même nos yeux n'en ont rien vu. Les fléaux promis par la Bible en paiement de la faute des pères empestent la tête des enfants. Le meurtrier se voit en danger d'être à son tour poignardé. Le crime frappe le criminel. Toute ma vie s'est passée dans la contemplation désolante de ces enchaînements assassins.

La folie d'imposer à toute force notre religion aux autres nous enrage et nous préférons en mourir que reconnaître à d'aucuns la liberté de prier Dieu autrement, à la manière du petit spartiate, un des exemples favoris de Michel, qui choisit de se laisser dévorer les entrailles plutôt que de voir échapper aux yeux de tous le renard caché sous sa tunique et d'être puni de son larcin. La guerre des religions nous dure et revient par vagues dévaster le limon de bonne volonté dont les hommes fatigués de se battre pour un signe de croix s'efforcent de masquer les flaques de sang quand il a coulé à flots. Baste ! Il en est toujours un pour inventer de nouveaux prétextes et de nouvelles armes afin de les recommencer. Les différents renaissent sans cesse de nos différences. Une vétille suffit à rallumer la poudre de discorde. Michel ajouta une note désabusée au chapitre « De ménager sa volonté » : « Les poètes ont bien entendu cela, qui ont mis pour une pomme la Grèce et l'Asie à feu et à sang. »

Car nous procédions ainsi, tournant les pages des Essais au détour de nos discussions. Lui, jouant de ma mémoire fidèle pour retrouver le point où il avait traité le sujet, moi ravie d'assister sur-le-champ au prolongement de son objet.

Soixante et dix ans après la Saint-Barthélemy, nous en sommes encore à regarder bons catholiques et bons protestants s'étriper, la rage au ventre de n'avoir toujours pas converti l'autre à leurs vues. La mort des combattants seule terminerait le combat. N'y a-t-il d'autre moyen de se faire rendre raison ? Et je ne sais ce qu'aurait dit Montaigne du renouvellement, en 1615, du vieil édit du dix septembre 1394 ordonnant aux juifs, déguisés ou non, de vider le royaume dans le mois ou de s'exposer à mourir. S'il m'en parla, en cet été de 1588, ce fut pour célébrer que ce décret inique n'ait point du tout été appliqué en sa Guyenne.

Bien me souvient qu'il désirait par-dessus tout être connu et utile pour sa modération : « Je me prends fermement au plus sain des partis mais je n'affecte pas qu'on me remarque spécialement ennemi des autres », nota-t-il dans la marge de son tiers livre au terme de ce débat. Aucun des protagonistes ne put se blasonner du nom de Montaigne, obstiné à ne rien diriger que lui-même quand il se sentait impuissant à régir les événements. Son esquif le menait, tel un nouvel Ulysse, sourd aux sirènes des puissants. À peu qu'il ne sombrât dans les tourbillons d'un temps dont les accidents, comme il le déplora, n'avaient rien de modéré ni d'acceptable. Je conçus que son pyrrhonisme lui était moins philosophie que manière de régler sa conduite sur laquelle je m'efforçai depuis, non sans déconvenues, de modeler la mienne.

Pour moi qui suis, par naissance et non par choix, du parti du plus faible en mon sexe et du parti du plus fort en ma religion, je me demande souvent ce que j'aurais délibéré si le sort m'eût donné famille juive, réformée ou de ces autres Chine et contrées barbares dont Montaigne peuple ses raisonnements : « Nous les pouvons donc bien appeler barbares, eu égard aux règles de la raison, mais non pas eu égard à nous, qui les surpassons en toutes sortes de barbaries. »

Le moins que je puisse faire est de prendre le parti du plus faible, fût-ce contre mon intérêt. Ainsi essuyai-je de sévères attaques quand je me mêlai de défendre les jésuites des furieuses calomnies dont ils étaient l'objet. Qu'ils ne fussent plus bien en cour comptait peu à mes yeux quand on les voulait boucs émissaires des maux du moment. Mes croisades se font au motif du cœur et non de la foi. Déchaîner la foule sur un homme qui trébuche me sembla toujours du dernier pharisien.

Une cour de plumes à l'évent, un étal de marchand, une chaire d'église, une rue de Paris peuvent abriter maints redoutables cannibales sous des dehors policés, des discours onctueux, des collets montés ou des cris joyeux.

« La vraie liberté, c'est pouvoir toute chose sur soi », dit Sénèque cité par Montaigne au chapitre

« De la physionomie ». Juste après vient ce commentaire qui nous laisse sans illusions sur les limites de ce pouvoir et de cette liberté :

« En cette confusion où nous sommes depuis trente ans, tout homme français, soit en particulier, soit en général, se voit à chaque heure sur le point de l'entier renversement de sa fortune. »

Tout Montaigne tient dans ce lucide dédain de l'esprit pour les coups du sort. J'appris ainsi de lui qu'il faut élever ses pensers pour outrepasser les bornes, sans se tenir obligé de les vouloir ostensiblement renverser, ce qui est le commencement de la sagesse.

La violence des temps piétine nos existences d'un sabot rageur. La seule liberté qui tienne est celle de dire « non ». Montaigne m'y aida, faisant de ses Essais un bréviaire de tolérance où je trouvai en tous temps quoi répondre à la mauvaiseté des hommes quand ils se mêlent de se vouloir régenter les uns les autres.

23

« Tout lieu retiré requiert un promenoir. » À Gournay, le promenoir de Monsieur de Montaigne délaissait la vaste prairie de façade, réservée à l'observation des étoiles. Il s'étirait à la discrète derrière le manoir sur la longueur du potager, faisait le tour des carrés de simples et de salades jusqu'à la cressonnière, puis prenait par une allée de jeunes trembles vers les colonnades du verger. De là, tous les chemins creux nous étaient bons à cacher nos entretiens, nos séances de lecture et le plaisir si rare d'être deux, et amis, et passionnés de nous découvrir si proches.

Mon éducation campagnarde et picarde, le solide bon sens de mon père et la liberté de mes lectures que nul ne surveillait plus faute de me pouvoir suivre m'avaient épargné les fausses pudeurs dont on voile aux filles les réalités de l'amour et les mots pour les décrire à cru. Michel s'amusait fort de ma hardiesse à le lire, du mélange de candeur et de franchise qui en résultait :

— À présent que j'ai lu tous vos Essais, et pis votre tiers-livre, je sais tout de vous et le reste ! le taquinai-je. Des idées à débattre, une amie à aimer, des livres à lire. La règle des trois commerces est remplie. Que vous faut-il de plus ?

— Savoir par où commencer ?

— Une question de rhéteur dans votre bouche ! Vous voilà à l'amende d'une heure de Plutarque. Mais c'est moi qui lirai. Car je puis témoigner que vous dites au moins la vérité en ce qui concerne votre écriture, votre mémoire et votre lecture, toutes trois fort mauvaises. De là à penser que vous dites le vrai pour tout, et le reste, il en faudrait rougir !

Cet été-là, nous lûmes ensemble maintes œuvres à voix haute, dont les *Dialogues de l'Amour* ainsi que les *Histoires d'Amour* du grand moraliste grec qui avait sa prédilection. Amusée de m'amuser à Plutarque, inspirée par les accidents de l'amour contrarié dont il avait composé ses cinq tableaux, j'improvisai à mon tour le roman d'Alinda et Léontin pour y loger mes arguments contre le mariage forcé des filles. Depuis que ma mère avait cru bon de l'en aviser, Michel et moi querellions âprement de mon projet de ne pas me marier et de mon refus de me voir confisquée par droit de victoire en la merci d'un homme inconnu de moi. Phrase que je repris toute chaude au début de ma narration, publiée depuis sous le titre, évocateur à nous seuls, du *Promenoir de Monsieur de Montaigne*.

Car je suivis, presque malgré moi et avec une certaine fortune, le conseil avisé qu'il me donna :

— Écrire va mieux en écrivant. Quelques lignes chaque jour vous feront une œuvre en quelques mois.

— Mais je pourrais écrire des milliers d'années sans arriver jamais à votre hauteur. Pour moi, je ne prétends pas au génie !

— Quand je vous aurai donné brevet d'imprimer mes Essais, il suffira que vous prétendiez à prendre place après moi dans le cercle des lettres et à tenir votre rang comme ma digne fille. Le génie ne se mesure pas à l'épaisseur des écrits. Et quand cela serait, je ne serais pas étonné que vous fissiez quelque jour de grandes choses. Et vos idées, et votre vivacité, et votre curieuse petite personne le présagent. Cela vous condamne à vivre entre les livres le reste de votre âge, puisqu'il semble que vous vous soyez placée hors du cercle ordinaire de la féminine condition. J'opine que vous vous y forgerez un bonheur à votre taille. Encore vous faudra-t-il subsister de votre plume et trouver de grands noms à qui dédier vos œuvres, aussi minces soient-elles, pour en obtenir pensions et bénéfices. Tel sera votre métier. Moins paisible que celui d'épouse et de mère, je le crains. Quand j'envisage pour vous cette destinée solitaire, il me semble que mes jaloux amis devraient plutôt se plaindre de moi à vous que le contraire !

Aucune nécessité ne retenait Michel chez moi que cette liberté de s'en aller demain s'il le désirait. De lui, j'appris que femme amoureuse aura plus à perdre à vouloir saisir qui elle désire qu'à le laisser libre de rester près d'elle à son gré.

— S'aimer à la romaine. Voilà qui me conviendrait.

— Qu'est cela ?

— Relisez-vous ! Livre deux, chapitre quinze : « Et au rebours, ce qui tint les mariages à Rome si longtemps en honneur et sûreté, fut la liberté de les rompre qui voudrait. Ils aimaient mieux leurs femmes d'autant qu'ils les pouvaient perdre ; et en pleine licence de divorce, il se passa cinq ans et plus avant que nul s'en servît. » L'Église s'en indignerait, mais cette liberté d'aimer et de se retenir au bord de se quitter est le plus beau des liens. Aussi, puisque je ne puis divorcer au besoin, point ne veux me marier.

— Gardez-vous de répandre si romaine opinion propre à nous attirer les foudres de Rome ! Pour moi, je bats ma coulpe. Qui aurait cru mes écrits si nocifs ? De nous deux, il est vrai, je ne sais lequel se trouve davantage au péril de la liberté que lui donne l'autre d'être soi.

Heureuse étais-je, d'être parvenue à le persuader de me reconnaître libre de ma personne entre toutes les femmes. Disputer en général, et de l'amour en particulier, était notre grande occupation. Je critiquais la distinction qu'il fait en son tiers-livre entre l'amour et le mariage. Lui opinant qu'en un bon mariage il ne saurait être question d'amour. Moi contestant la véracité du sain détachement qu'il suppose à une bonne épouse :

— Selon moi, pas de demi-mesure des femmes aux hommes, dès lors que les corps y sont engagés. Aimer ou haïr, de tout notre cœur. Le celer, parfois. Mais à quel prix ? Que savez-vous de l'amour de votre femme et de ce qu'elle vous cache ? Vous la voulez soumise et chaste et amicale. Sa sainteté est la garante de sa sûreté. Il y a une suffisance inouïe à se persuader que vous avoir pris pour époux jusqu'à ce que mort s'ensuive doive suffire à son bonheur. Quoi ! pour lui avoir donné votre nom, vous lui refuseriez le droit à l'amour, de crainte que l'éveil de ses sens ne la portât à vous tromper, jetant un doute sur sa vertu et sur votre descendance ! Aucune femme ne pourra lire vos beaux raisonnements, sans rire de votre assurance bien masculine à la juger heureuse par nature du sort que vous avez décidé pour elle, se révolter de votre ambition de la garder en votre seule amitié hors du pouvoir des sens, ou pleurer sur votre aveuglement à méconnaître la vérité de son amour.

— Pourquoi faut-il que les femmes y mettent autant de passion ? Par quel caprice réclamez-vous toujours d'un homme davantage qu'il ne peut donner ?

— Caprice de nature. Car l'homme donne avec

parcimonie ce qui lui suffit à jouir, quand la femme y va de tout son être, au risque d'en porter seule le fruit, désiré ou indésiré.

— Comprenez alors qu'il cherche à s'ensauver du piège de cette tyrannie teinte de reproches où elle l'enchevêtre !

— En quoi l'homme est une sorte de phœnix assez rare, qui renaît chaque fois des cendres du cœur féminin !

— Raison de plus pour ne pas se marier sans s'épouser, combien je sois persuadé que peu d'hommes ont épousé leur amante qui ne s'en soient repentis. Ma conviction est faite. Voyez ce que je dis en mon chapitre « Sur des vers de Virgile » de Jupiter harcelé par la jalousie de Junon séduite d'abord, épousée ensuite.

— Encore un qui a mélangé ses sentiments avec son intérêt. Autant refuser la guerre et venir à la picorée. Il n'y a pas de morale qui tienne ni en l'amour, ni en la guerre. La courte passion de prendre enrage le guerrier. Le désespoir d'être délaissée enrage l'amoureuse. Jupiter n'aime plus ce qu'il a voulu si fort et se plaint que Junon l'aime encore. C'est se marcher sur les pieds, car il n'aurait pas de femme jalouse s'il ne l'avait d'abord épousée pour la posséder. En notre Picardie, on dit : « Chier dans le panier pour après le mettre sur sa tête. »

— Le dicton est joli. Nous en ferons un allongeail.

Armée de ses Essais, froissant les pages avec colère, lui faisant honte de ses avis, le provoquant à les amender, je le chicanais sans pitié sur l'égalité des hommes et des femmes, sur le rôle d'utilités auquel il nous réduit dans certains passages. Piqué, il feuilleta ses derniers écrits et me montra qu'il avait révisé son opinion avant même de me connaître : « Je dis que les mâles et les femelles sont jetés en même moule ; sauf l'institution et l'usage, la différence n'y est pas grande. »

Quant à sa conception du mariage, je lui remontrai tout net qu'elle avait bien son âge et m'échauffait d'une sainte colère. Il me fit aussitôt remarquer combien sa position avait évolué d'un bout à l'autre de son ouvrage. Et de fait, en son tiers livre, en convient-il avec moi : « Les femmes n'ont pas tort du tout quand elles refusent les règles de vie qui sont introduites au monde, d'autant que ce sont les hommes qui les ont faites sans elles. »

Enfin, je le tins quitte de ses autres déclarations pour ce qu'il va au-devant de mes vœux et donne, dans ce même chapitre cinq, une leçon universelle qui devrait être apprise par tous les hommes de la terre sans exception de race ni de religion : « Je dis pareillement qu'on aime un corps sans âme ou sans sentiment quand on aime un corps sans son consentement et sans son désir. »

— Et c'est moi qui reçois un gage pour ne pas savoir par où commencer ? s'exclama-t-il. Commencez donc par écrire ce récit que vous me fîtes avec tant de verve à l'imitation de Plutarque. Il faudra bien aussi que vous nous rédigiez un essai de cette égalité des femmes et des hommes, et des griefs des dames que vous défendez avec tant d'éloquence. Nourrissez vos pensées de vos lectures et laissez parler votre cœur sans trop vous encombrer de rhétorique. J'accuse, certes, l'écrivaillerie d'être le symptôme d'un siècle débordé. Mais je doute que vous fassiez œuvre de néant. Recherchez de prime la protection de Marguerite de Valois. La Navarre eût toujours perles de la plus belle eau, d'audace et d'érudition. La connaissant, je gage qu'elle se réjouira de vous connaître et vous entendra mieux que toute autre. Je vous laisserai lettres patentes de notre alliance à lui remettre pour vous introduire auprès d'elle et de sa mère comme ma fille tendrement aimée.

Ces lettres se sont perdues, mais on en jase encore.

Devine qui pourra la vérité intime de nos colloques. Juge-t-on jamais d'autre que de soi ? Je le crois. Pour bâillonner les mauvais parleurs, je les renvoie lire ces lignes, à l'origine de l'un de nos débats d'amour en ce mirifique été : « Je ne prends pour miracle, comme fait la Reine de Navarre en l'un des contes de son Heptaméron (qui est un gentil livre pour son étoffe), ni pour chose d'extrême difficulté, de passer des nuits entières, en toute commodité et liberté, avec une maîtresse de long-temps désirée, maintenant la foi qu'on lui aura enga-gée de se contenter des baisers et simples attouchements. »

Certes, je n'aurai garde d'apporter ma réponse à une question qui doit demeurer la vôtre et se résoudre en votre âme et conscience par l'expérience que vous en avez ! Reportez-vous donc à *L'Heptamé-ron* pour vous faire une opinion. Trop m'amuse, pour abonder dans un sens ou dans l'autre, de pré-voir, selon l'allure de mon indiscret questionneur, vers où pencherait la balance de ses amoureuses inclinations dont il déduit notre secret.

Je cèle avec soin de lisses remembrances, des émois qui tant me dureront que le souffle, des sen-tiers où résonna l'écho de nos deux pas, où son bras tenait ferme le mien. Il m'a suffi de garder le tempo de la passion masqué sous le murmure de la renom-mée dont j'ai entouré le nom de Montaigne. Ces pages me sont un miroir sans tain. Quant à confesse, à l'image de nouste bon roi Henric, je n'y suis jamais allée que d'une fesse !

24

Fin octobre, le pays semblait en perdition dans le tournoiement des vents, des feuilles et des événements. Michel me rassura sur ce qu'à l'échelle universelle ce n'étaient que vaguelettes agitant la mare aux grenouilles. Et moi, du tac au tac, de le citer aussitôt, ce qui avait toujours le don de le réjouir et de le rassurer sur l'utile infinité des pensées encloses dans ses livres :

— « À qui grêle sur la tête, tout l'hémisphère semble être en tempête et orage. »

— À vous entendre, Marie, il semble que mes Essais aient réponse à tout. Tant s'en faut qu'ils soient achevés, car ma mort seule les complètera. Tant s'en faut que les idées des anciens, escorniflées dans mes lectures, trouvent une vérité nouvelle, sinon une vie nouvelle en mon œuvre, combien que j'en rêve. Vous connaissez la fable du geai paré des plumes du paon. Moi qui disais espérer quelqu'un qui me sache déplumer sans moquerie, en ressentant ce que j'ai voulu montrer de force et de beauté dans ces propos empruntés aux anciens et dans les commentaires que j'en fais, il semble que je vous aie bien trouvée. Et pour cette seule raison, me sens fier comme un paon sous mon plumage de geai !

La fin de son séjour se passa à sonder nos vertiges. Michel travaillait comme si sa dernière heure fût demain. Je compris, pour l'avoir vu faire, comment il tissait, toujours plus épais pour en accroître la résistance, le filet de ses lectures et de ses pensées dans les marges de ses Essais, noircies dans l'urgence. Il s'acharnait à en renforcer les lignes une à une et me commentait ses ajouts selon le thème du jour. Mais, aussi convaincu fût-il de la solidité de ses arguments, ils ne le protégeaient pas mieux de l'épouvante que la cage du philosophe suspendue au haut des tours de Notre-Dame de Paris, à la fin de son « Apologie de Raimond Sebond ». Le plus long, élevé et ardu de ses Essais. Il s'en fit un radeau de fortune en ces jours si ténébreux, quand j'y barbotais à sa suite, trop jeune et ignorante pour y comprendre goutte, fors les images. Ma lecture y rame depuis, et s'y essouffle, sans être sûre d'en avoir jamais le fin mot que Montaigne ne me donna point.

Notre amitié était l'arbre ou la bosse du roc qui soutient la vue et l'empêche de défaillir dans l'à-pic. Un secours illusoire, assurément, dans la chute où le temps nous précipitait. Un puissant recours quand il s'agissait de couper court un moment à cet ébranlement horrifié de l'être face au vide. Sans lui, ma féminine destinée m'apparaissait effroyable désert. Sans moi, la mort lui serait néant infini.

La mort, justement, il n'était question que de cela depuis l'assassinat du Guise. Michel m'en tira la rude leçon quand la nouvelle nous parvînt, peu après son retour des États généraux de Blois, fin octobre, de la vile manière dont le roi avait permis que le Guise fût occis. Il se désespérait de n'avoir point été présent pour l'empêcher. Dans cette sanglante onction dont il aurait tant voulu préserver la couronne de son roi, il vit un funeste présage et la pensée de son oracle me fit trembler du regret qu'il n'ait point été écouté. Las ! Un an plus tard, je vis le poignard fol du moine Clément lui donner raison, tuant le pauvre Henri III, le tyrannicide expiant le tyrannicide, et plus tard, celui de Ravaillac nous expédier Navarre devenu Henri IV le quatorze mai 1610, au lendemain du sacre de Marie de Médicis, nous enfonçant en un cloaque de meurtreries, de complots et de violence dont je ne vois pas, quarante-deux ans plus tard, la France se sortir de sitôt.

Michel ne décolérait pas. Les nouvelles lui arrivaient par poignées, de la cour, de ses amis, de ses sages correspondants, un peu partout en France et en Europe, qui lui commentaient la situation et le faisaient rager ou gémir d'impuissance. Sous le coup de colères soudaines, désespérant du roi, de la France et des Français, il m'en livrait des brimborions. S'apercevait-il seulement qu'il se plaignait tout haut ? Ses mercuriales n'épargnaient point les rois, sommés de mourir debout : « Il n'est rien qui puisse si justement dégoûter un sujet de se mettre en peine et en hasard pour le service de son prince, que de le voir apoltronny cependant lui-même à des occupations lâches et vaines. »

Seul Navarre y réchappait. Non pour sa religion, mais pour cette antique vertu de se tenir toujours au premier rang de la bataille. Toute une soirée se passa à en faire deux énormes allongeails au chapitre « De la fainéantise ».

La critique était rude et secoua mes fidélités. J'aurais voulu en disputer, mais Michel poursuivait sa diatribe en grondeur solitaire, chaque missive renouvelant ses blâmes, négligeant de prêter attention à mes protestations timides. Fallait-il faire davantage de bruit ? Soit. J'en vins à m'indigner très fort de ces fâcheries indignes, selon moi, d'un grand serviteur de l'État :

— Comment peut-on conseiller le roi et tenir de tels propos ? Cela me passe. Ne devrait-on point s'en prendre d'abord à soi de ses mauvais avis ?

— Hélas ! mon conseil s'est souvent résumé à montrer au roi comment, ne pouvant obtenir ce qu'il voulait, mieux valait faire semblant de vouloir ce qu'il pouvait, soupira Montaigne, reprenant la sentence qui clôt le chapitre « De la liberté de conscience ».

Si accablé qu'il fût, il se ressaisit à me voir pétrifiée de sa réponse. Sa main pesa sur ma nuque et m'attira vers lui, comme pour me consoler de sa désespérance :

— Petite Hébé, les dieux sont vieux et fatigués ce soir. Toute votre jeunesse n'y pourra rien : ils n'ont plus soif. Ne cherchez pas à mettre de l'eau dans mon vin quand je le trouve amer et grimace à le boire jusqu'à la lie. Car la philosophie, vous le constaterez à votre tour, est inepte à résoudre sur le terrain ces crises dont la fortune tient seule la bride.

— Il me semblait, à moi, bel et bon que le peuple Français ait cette vertu de savoir dire « non » par nature, quoi qu'il lui en coûtât.

— « Nature a surtout attaché à l'homme quelque instinct à l'inhumanité » et ce n'est pas seulement valable au chapitre « De la cruauté ». Au porteur du « non », quand il va jusqu'à l'absurde, je vous prie de croire qu'il en coûte beaucoup et qu'il en cuit longtemps. D'autres que moi s'y sont cassé les reins et les dents !

Cela dit, il fouilla dans les papiers épars de ses Essais et me lut à voix haute ces mots drôles et cruels de feu le Chancelier Olivier qui réveillèrent mon rire comme il s'y attendait. Car il aimait à battre l'étincelle du rire pour éclairer nos idées noires :

— « ... les Français semblent des guenons qui

vont grimpant contremont un arbre, de branche en branche, et ne cessent d'aller jusques à ce qu'elles sont arrivées à la plus haute branche, et y montrent le cul quand elles y sont. » Peut-on mieux dire la vérité nue sur la surenchère d'insolence et d'entêtement dont nos compatriotes sont capables quand une idée les tient ? Comprenez que je m'afflige de mon indiscrète nation et de ses travers querelleurs comme un père qui voit son enfant préféré s'égarer et se perdre de réputation aux yeux du monde. Je persiste et signe dix chapitres plus loin : « Mettez trois Français aux déserts de Libye, ils ne seront pas un mois ensemble sans se harceler et égratigner. »

— Voilà qui est bien dit, Monsieur. Et nous en sommes un bel exemple puisque nous voici assez de deux pour allumer la dispute au désert de Gournay !

25

« Quand je vins de ces fameux États de Blois, j'avais vu un peu auparavant une fille de Picardie, pour témoigner l'ardeur de ses promesses, et aussi sa constance, se donner du poinçon qu'elle portait en son poil, quatre ou cinq coups dans le bras, qui lui faisaient craqueter la peau et la saignaient bien à bon escient. »

Ces lignes, Michel m'en noua un brevet d'adieu de sa façon la veille de son départ, alors que je l'aidais bravement à rassembler en bon ordre les liasses éparses de ses chapitres et de ses ajouts :

— Puisque nous nous aimons à la romaine, Marie, puisque nous nous écrirons bientôt nos lettres à la romaine, il nous fallait une romaine obèle pour garder la marque, en mon livre premier comme en mon livre second, de notre lien. Quand je les écrivis, je n'étais point à vous comme je le devins par mon tiers livre. De ce dernier, notre rencontre est le *punctum*. Si ce coup de poinçon se reconnaît sur votre bras, je le désire aussi en mon livre.

Malheureuse inspiration. Quelles pointilles ne me valut-elle pas ! Forgeries, infatuation, rodomontades, balançoires ! On m'accusa de tricher, de vouloir faire prendre happelourdes pour diamants. On me traita de faussaire. La scène parut du dernier risible à ces buffles épais, inaccordable à l'idée qu'ils se faisaient de Montaigne. Tant firent de bruit qu'à la parfin, je me rendis et supprimai ce passage des éditions postérieures à celle de 1595. Pour échapper à leur indignation bégayante, à cette battologie d'insultes, je les laissai croire que je radotais. Qu'ont-ils prouvé, sinon qu'ils n'ont point lu leur Montaigne à la lettre ? Car ce serment du sang ne fut pas une improvisade en l'air. Il prend sa source à l'ouverture de l'un des plus courts chapitres des Essais, intitulé « Des pouces ». L'exemple est tiré des *Annales* de Tacite. Il glose sur l'usage des rois barbares d'engager leur foi en joignant leurs mains droites, pouce contre pouce, de sorte d'y faire monter le sang pour se piquer et en faire sourdre une goutte en signe d'alliance. Est-ce si grand péché d'avoir joué à les imiter au seuil de nous quitter ? Le geste était grandiloquent, mais ma peine grandissime. On m'en fit pour le coup un de ces contes ridicules, une bronchade de Romains, me renvoyant, pouce baissé, me faire bâfrer par les lions du cirque !

En se prêtant à cette fantaisie, tout droit issue de ses plus intimes méditations, Michel s'essayait à me consoler du chagrin que je m'appliquais à lui taire. Car nous eûmes cette courtoisie suprême de tenir la bride courte à mes larmes et à ses émotions. Double gage d'amour que de le faire, puis de l'écrire, qui nous occupa la dernière nuit. Il me laissait son portrait, peint à la plume mieux que quiconque ne le peignit jamais au crayon, et me redit qu'il ne voulait que moi pour donner, quand il me le demanderait, un dernier tour de pigne à ses Essais :

— Je loge ma vie en la vôtre, Marie, comme le fit Sénèque en son extrême vieillesse avec sa jeune Paulina. Venez ! Ce soir, c'est moi qui serai votre lecteur.

Prenant ses lettres à Lucilius dans sa sacoche de livres déjà bouclée, il laissa le vieux philosophe et sa tendre épouse exprimer à notre place le chagrin de nous séparer. Il me le lut en latin, puis m'en donna sa traduction qui termine le chapitre « De trois bonnes femmes » où je fais volontiers, et quand il le veut, la quatrième, comme je le lui assurai alors :

« Ainsi ma Pauline m'a chargé non seulement sa crainte, mais encore la mienne. Ce ne m'a pas été assez de considérer combien résolument je pourrais mourir, mais j'ai aussi considéré combien irrésolument elle le pourrait souffrir. Je me suis contraint à vivre, et c'est quelquefois magnanimité que vivre. »

Ainsi son amour se jugeait-il responsable du mien. Demain, entre nous, l'étendue des terres redoublerait l'étendue des ans. Demain, seule la pensée de l'existence de l'autre nous soutiendrait, abstraite de sa présence, de tout ce que nous voulons voir, toucher, respirer, embrasser corps à corps. Ce lien que nous avions noué était à l'épreuve du temps, de la distance et même de la mort, mais point de nos sens. La vie me serait trop aride désert s'il n'y plantait avant de s'en aller, le chêne de ses Essais, sans plus en rougir que le philosophe de planter un homme quand on lui demande ce qu'il fait. Partir ne serait point mourir, puisqu'il lui fallait les terminer avant que de me les donner. Partir ne serait point mourir puisque notre alliance serait inscrite dans son livre, pour l'éternité.

Son départ, comme sa disparition, était dans l'ordre des temps. Il eût été trop cruel que nous fût refusé de nous connaître. Ce qui devait être avait été. Trop bref, trop fugitif, certes. Mais unique. Mais inaliénable. Mais puissant. Arche d'alliance dont il me faisait la nochère, remettant son livre entre mes mains. Ma jeunesse ferait durer sa sagesse. L'éloignement des corps rapprocherait les esprits. Il l'avait expérimenté avec Étienne. Ses lettres me diraient l'avancement de ses Essais. Il griffonnerait ses allongeails avec d'autant plus de soin qu'ils seraient destinés à être lus de mes yeux. Fouaillant sa paresse native, il se proposait même d'en faire une copie, de sorte que, le jour venu, je ne sois pas au péril d'en égarer une page entre sa librairie de Montaigne et Paris. Et c'était là grand sacrifice, car il détestait cet exercice manuel où la pensée hésite toujours à modifier ce qu'elle recopie. Mieux, il y porterait, autant qu'il le pourrait, les indications à donner à l'imprimeur afin de me simplifier la tâche dont il gageait qu'elle serait d'autant plus immense qu'il vivrait longtemps :

— Il y faudrait selon mon vœu des allongeails par milliers, où se lirait un siècle de sapience jusqu'à épuiser la pliure des marges et la patience des imprimeurs !

— Ma douce amie, faites-moi grâce d'un tel vœu. Quand la souffrance me lapide, chaque minute m'est un siècle. Laissez-moi partir sans un pleur, assurée de garder le meilleur de moi-même.

Des allongeails, il y en eut par milliers, mais pas un jour de plus ne nous fut donné. Le vingt-cinq novembre, il partit après un bref embrassement, brusquant le mouvement pour ne point s'attendrir, sa silhouette de cavalier mangée par une brume qui ne leva point de huit jours. Bien sûr, l'essentiel avait été dit. Bien sûr, nous nous étions promis d'autres étés, d'autres voyages, un fleuve nourri de lettres. Bien sûr, nous refusions de nous dire adieu. Mais l'aiguillon du temps me saignait le cœur bien plus rudement que le poinçon de mes cheveux n'avait meurtri mon bras.

Son obèle d'amour fut, croyez-m'en, plus que suffisante à lui faire traverser les syrtes de l'oubli où le génie s'enlise au passage des siècles. Quant au deuil de sa présence, je le porterais toute ma vie avec passion et le porte encore, à l'heure où j'écris ces lignes de ma vieille main ridée que notre alliance a guidée sans faiblir.

26

— « *Anna soror, quae me suspensam insomnia ter-rent !* » Anne, ma sœur Anne, quels sont ces songes qui viennent épouvanter mes nuits ! implore Didon, pressentant que son amour ne suffira pas à retenir Énée auprès d'elle. Las, il m'eût fallu une douce sœur Anne pour se lamenter de me voir consumer dans la tristesse le printemps de mes jours. Las, ma petite Léonore était déjà novice en son couvent et ma bonne Madeleine mariée. Quant à ma cadette Marthe, son tempérament acariâtre et la frayeur de rester fille à mon exemple ne m'en faisaient point une amie.

Cinq années se passèrent dans un brouillard d'amertume et d'agitation qui préludait aux travers à venir. Cinq années à mourir un peu, chaque jour, en silence, de vivre loin de lui. Cinq années sont muraille de travaux et de jours à déplacer pierre à pierre pour qui attend le hasard d'un courrier signé de la main aimée et redoute tout à la fois la nouvelle qu'il pourrait lui apporter de sa disparition.

Anna soror, laisse-moi lui écrire ! De prime, il sembla que la maisonnée sans exception pleurait son départ et voulait retenir quelque chose de lui. Qui une recette de fèves au jambon. Qui une affaire débrouillée d'un conseil. Qui un mot amusant. Qui un conseil pour sa santé. Et même mes petits frères, d'avoir appris de lui le jeu de cornichon-va-devant. Moi qui lui devais plus que tout, j'aurais voulu le retenir tout entier. Ma mère, indulgente, me permit de cacher mes sanglots et rechercher le parfum de sa présence dans la chambre où il avait dormi et en la salle où nous venions de passer l'été dans une bienheureuse parenthèse. Installée à notre table de travail, j'entrepris la rédaction de mon *Promenoir*. Pour gâcher mes insomnies, je me mêlai en outre de traduire *L'Énéide*. Non point le chant quatre, celui d'Ana soror, où s'allume le bûcher de Didon. Mais plutôt le chant deux où Énée lui raconte la chute de Troie. Virgile y dépeint la mort du prêtre Laocoon, version virile de Cassandre, emporté avec ses fils dans les anneaux meurtriers d'un serpent marin pour avoir voulu prévenir les Troyens contre le cheval de Troie. Parmi les récits de son voyage en Italie, Michel m'avait dit en avoir vu à Rome la sculpture antique, décrite par Pline le Jeune et exhumée en 1506 des thermes de Trajan. Le groupe lui avait laissé une forte impression. Il le comparait au *Moïse* de Michel-Ange dont il prisait l'art et la puissance par-dessus tout. Sans laisser de répit à ma plume, je

lui tenais en outre une sorte de journal de mes pensers, de mes lectures, de ma gratitude pour ces jours
qu'il nous avait été donné de vivre, et ma peine de
savoir à présent ce que j'avais perdu en me perdant
en lui. Tant que j'écrirais, notre dialogue se poursuivrait. Pauvre de moi ! Il me faudrait désormais l'aimer entre les lignes, dans le grain d'un double sens
illisible à un autre œil que le nôtre. Il y aurait foule
pour surveiller notre dialogue. La liberté d'être son
égale n'aurait plus cours. Il nous faudrait tromper
les censeurs, revenir à la cérémonie des convenances
et des formules, à la séparation de nos ans et de nos
conditions. J'avais imaginé le courrier aller et venir
entre nous, aussi régulier que la marée, pour lui porter mes questions assoiffées et me rapporter une
pluie de réponses. Las, en ces temps troublés, rien
n'allait comme nous voulions et je renonçai bientôt
à attendre de ses nouvelles pour mieux en goûter la
surprise. Car elles m'advenaient surtout quand je ne
les attendais plus. Missives emplies de tendresse, de
pensers, de petits brevets copiant ses derniers allongeails, de conseils, de livres et de lectures, au gré de
son écriture agitée, bousculée par la hâte de tout
dire. Rien n'en subsiste. Car il pria ses amis de les
brûler, puisqu'elles n'étaient point destinées à être
publiées :

— Retiré en ma tour, l'écriture occupe tout mon
temps. Je vous dois la félicité d'écrire en sachant à
qui je parle, outre les ombres chéries de mon père

et d'Étienne. Mes Essais seront à la parfin la plus longue et affectionnée lettre jamais écrite d'un vieux Sénèque confit en ses incertitudes, à une jeune cervelle si éveillée à lui répondre. Que ne vous ai-je connue plus tôt !

Un mot entre cent autres dont, par singulier privilège, je retrouvai la lettre et l'esprit dans ses annotations qui gardent intacts nos plus forts échanges : « Et eusse pris plus volontiers cette forme à publier mes verves, si j'eusse eu à qui parler. »

Point ne voulait voir son œuvre si bien pensée et achevée mise au hasard de ses libres patarafes et ratures d'amitié. Didon ne dut pas soupirer plus fort que moi devant le bûcher où elle consumait ses espérances. J'obéis, combien qu'il m'en coutât et fis, le jour venu, une flambée de ces lettres, quasi consolée de leur perte par l'épaisseur nouvelle qu'elles avaient donné aux Essais.

Anna soror, regarde-le qui s'éloigne ! Il prévoyait déjà une édition pour 1592 et m'invita à venir l'aider à la préparer. Las, ma mère tomba malade à la fin de 1589 et mourut un an après, rassurée à l'idée que mes hautes accointances et grands espoirs de gloire littéraire, dont Michel lui avait farci la tête à mon sujet, suffiraient à pourvoir à l'établissement de ma sœur Marthe et de mes deux petits frères, Charles et Augustin. La mort, non contente de nous arracher nos affections, s'amuse à désespérer les vivants d'infinies paperasses. Aussi maigre fût l'héri-

tage maternel, il me causa d'immenses soucis, dimi-
nuant jusqu'à le tarir le flux vivifiant de mes
échanges avec Montaigne. Pourvue par le sort d'enfants à élever moins obéissants à une sœur qu'à une
mère, je dus faire face à leurs exigences, à celles des
notaires et créanciers, puis aux soulèvements divers
de nos gens de Gournay, le tout dû à l'imprudence
des promesses et de la gestion maternelle. Le temps
de redresser la situation, les mois m'avaient filé entre
les doigts. En août 1590, Michel m'avait fait part
du récent mariage de sa fille Léonor avec François
de La Tour qui le satisfaisait fort. Il y ajouta copie
d'une lettre pleine d'allant, de sagesse et d'affection
à notre roi Henri IV où il lui remontre qu'il y a de la
grandeur à donner autant d'occasions à ses ennemis
subjugués qu'à ses amis de l'aimer. J'eus alors
quelque espoir de le revoir à Paris, démenti par un
bref envoi où il me justifia par une excessive fatigue,
une fièvre tierce et de nouvelles attaques de la pierre
dont il souffrait cruellement, son refus de rejoindre
le roi au camp de Saint-Denis. La dernière lettre de
mon ami, au printemps de 1591, m'annonçait la
naissance de sa petite-fille, Françoise de La Tour et
se plaignait beaucoup que le gouverneur de Bordeaux, Monsieur de Matignon, négligeât désormais
de répondre à ses requêtes. Car refuser de nouvelles
charges ne signifiait point qu'il acceptât d'être tenu
pour rien. Les mois passèrent, maussades et affli-
geants de futiles occupations. Quand je pris

conscience de l'élargissement inhabituel du cours de son silence et lui adressai une lettre pressante à ce sujet, Michel était déjà hors de portée de mes inquiétudes.

Anna soror, laisse-moi le pleurer! Un an durant, j'ai ignoré sa mort! Un an durant, j'ai continué mes envois, reçu ses derniers courriers, datés d'août, sans savoir qu'ils me venaient d'outre-tombe! Étrange illusion dont je ne me suis jamais tout à fait remise. Une lettre du savant Juste Lipse me parvint de Belgique en juin de l'année 1593, pleurant la mort de notre ami dont il s'étonnait que la nouvelle ne me soit pas encore parvenue, puisque je n'y faisais aucune allusion dans un récent envoi. Comme s'il eût déchaîné quelque diabolique écho, la vérité m'assaillit, dès lors, de toutes parts. Michel avait veillé à nouer ces fils épistoliers qui devaient se continuer après lui et donner un large retentissement, hors même des frontières de France, à notre amitié et à sa foi en mes capacités à remplir mon office d'éditrice de ses Essais. Utile balancier aux menées de ceux qui me les voudraient dénier, m'avait-il expliqué, insistant sur mon devoir de continuer un tel commerce fructueux avec ses érudits correspondants, philosophes ou imprimeurs depuis l'Italie, jusques aux confins des Pays-Bas. La renommée de sa mort avait mis une année à me parvenir, mais, soudain, il n'était plus question que de cela. Presque aussitôt, un autre courrier m'annonça l'arrivée de

Pierre de Brach chargé de la boîte où reposaient les Essais de Montaigne en leur dernier état. Sa volonté de m'en confier l'édition serait donc respectée par Françoise de la Chassaigne, son épouse, qui avait personnellement veillé à ce qu'il n'y manquât pas la moindre paperolle. Pierre disait son noir désespoir de la perte de notre ami et me proposait son aide que j'acceptai avec gratitude. Pour lui, après la disparition de son Aymée toujours pleurée, celle de Du Bartas l'an passé et celle de Montaigne à présent, il ne lui restait plus qu'à remplir cet office sacré avant de se rendre à son tour au doux festin d'amitié où la mort le conviait.

Rien ne m'avait préparée à ce chagrin trop vaste. Pourtant, quand j'y songe, il me semble que la mort de Michel m'accabla moins profondément que sa fausse annonce, faite peu avant notre rencontre. Dès que je le connus, je commençai à le perdre. Son départ au bout de cet été inespéré m'avait déraciné le cœur et l'âme. Dans les abysses de désespoir où j'errais, la nouvelle de sa mort confirmait mon cauchemar : j'étais le songe d'une ombre. Et de quoi rêvent les ombres, si ce n'est de survivre à la disparition du soleil, à la dissolution de l'être ? Privée de lui, je réaliserais notre désir et tiendrais mon serment d'amour : devenir l'ombre de son œuvre, l'ombre de son ombre. Lui survivre pour qu'il survive en moi. Porter ses pensers à la postérité. Depuis cinq ans, j'existais sans lui. Le reste de mon âge je le vivrais pour lui. Sa mort, il le savait, me rendrait ses Essais et donnerait un sens à ma vie.

Le plus dur fut de concevoir comment j'avais pu passer la journée du treize septembre 1592 sans que rien, pas un tressaillement du corps ou de l'âme, ne m'avertît de son trépas. Ce mois de septembre, que tant il détestait, lui avait été fatal. Fallait-il que je fusse déjà blessée à mort de son départ pour n'avoir rien ressenti par surcroît ? Fallait-il que je fusse prête au pire, dès qu'il eut tourné les talons ? Il ne me serait pas donné de ressentir sa perte en mon corps à une autre date que celle du vingt-cinq novembre où il m'avait quittée. Sa mort ne faisait que rendre tout retour impossible, si tant est que nous en ayons conservé l'illusion. Ma seule consolation est que ce jour-là comme tous les jours de ma vie, il y eut un moment où je lus les Essais.

Anna soror, accepte mon destin ! L'ellipse était notre *fatum*. Mon existence a fait l'ellipse de son nom et ses Essais du mien. Le temps est un vieil avare dont j'ai dérobé la cassette. Durable certitude du corps et de l'esprit d'aimer et d'avoir été aimée d'égale à égal. Alliance sacrée face au ressac du néant. Michel m'a donné la main pour traverser les embarras du siècle sans risque de m'y perdre ou de m'y faire écraser. Chaque minute passée avec lui m'a duré toute la vie. Il me fut Michel, je lui fus Marie. Le reste ne regarde que nous.

Anna soror, je te dois un aveu ! Oui, j'ai relevé le gant de Montaigne. Au propre comme au figuré. Car, s'il m'a défiée de garder son œuvre vive pour les siècles à suivre, si ma pensée n'a eu de cesse de jouter avec la sienne depuis l'heure de notre rencontre, si notre particulier duel m'a occupée toute la vie, l'amour de lui m'a incitée à un enfantin larcin que n'aurait pas dédaigné Didon.

Puisque la destinée ne pouvait me donner sa main, son gant lui ai pris. La main droite qu'il avait laissée choir sous son siège, chez moi, à Gournay, juste avant son premier retour à Paris. Jamais je ne me résolus à le lui rendre et il le crut perdu.

Il est là, sur ma table. Son cuir nerveux de gant cavalier, épais assez pour maintenir les rênes de sa monture, a gardé la forme de la main aimée. La mienne l'y rejoint parfois, en une caresse d'alliance qui me tord le cœur, par-delà les temps, la loi de Dieu et l'opinion des hommes.

27

Les autres femmes ressentent-elles cet exil de soi creusé par l'âge ? Les ans ont passé. Cent mues m'ont quasi ôté visage humain. Relique bossue en sa châsse de papiers, petit tas d'os branlant sous un masque cireux, j'en sors, tant tavelée que grimoire oublié en son grenier, antique girouette fixée par la rouille au point cardinal de sa dilection pour Montaigne. Toute ma séduction tient là. Tout mon comique aussi, je le crains.

L'extravagance du destin m'a projetée à trente-cinq ans dans un autre siècle que celui où j'étais née. Dernier esprit d'un âge révolu, je connus maintes bizarreries, dont celle de prendre cent ans en quelques mois. Une nuit suffit à la métamorphose : pour avoir changé de 1599 à 1600, vous étiez, guère plus grisons qu'hier, mais vieux comme les maisons. Du jour au lendemain, l'ensemble de ce que j'avais connu, aimé, estimé, appartenait au siècle dernier. Les goûts et les usages en profitèrent pour muter à grande allure et se périmer sans remède, tel un bel habit gâté par l'orage. À peu que mes contemporains ne me crussent poussée avec la cathédrale Notre-Dame, tant mon allure et l'affection que je vouais à Montaigne, le soin que j'apportais à l'édition de ses Essais, leur semblèrent subitement antiques et hors de mode.

Au moins de décembre 1599, il semblait que Henri le Quatrième eût répudié le seizième siècle et son intelligence en même temps que Marguerite de Valois, la première protectrice que Michel m'ait donnée. Comme lui, je la tiens pour l'une des femmes les plus accomplies de son temps. Impuissantes, nous avons vu l'étouffoir des règles triompher de la licence poétique et sonner après elle le glas du libre déportement féminin qu'elle s'inventa au péril de sa réputation. Près d'elle, j'étais devenue l'éditrice des Essais de Montaigne, une femme de lettres reconnue et honorée. Grâce à elle, je demeurai en faveur. Forcée de partir à Usson, elle me confia aux soins de sa mère, Catherine de Médicis, qui eut le constant souci de conforter ma position à la cour d'Henri IV et de sa nouvelle épouse.

Car le dix-sept décembre 1599, Henri rendit à Marguerite la seule liberté que ce siècle accorde aux femmes : ignorer et souffrir. Après un an tout juste d'un spirituel veuvage duquel il épura, je gage, son propre grief des dames, il fit ce que l'usage accorde aux hommes : oublier et jouir. Le dix-sept décembre 1600, il se remaria avec Marie de Médicis.

Changea-t-il de reine en même temps que de siècle pour exorciser le passage du temps et laisser derrière lui les troubles et les discordes ? Ce faisant, il me semble qu'il ait banni Charybde pour épouser Scylla. La couleur et le mouvement du monde avaient changé, mais pas son bruit, ni sa méchanceté. Je m'essoufle depuis à le suivre.

Le temps demeure à la violence. La vie y a peu de valeur. Aussi la mienne qui n'en finit point de compter les ans leur paraît-elle exorbitante. Peur de la mort qui incite notre société à s'étourdir dans une danse macabre où la faux, en splendide équipage, mène le bal sous son masque à la grimace. Peur du gouffre qui pousse ces pauvres gens à s'inventer à loisir des cartes, des dogmes, des parangons et des lois intangibles pour l'amour et la poésie, comme pour la religion, le théâtre et même leurs vêtements. Dérisoires sont les querelles qui agitent nos ruelles depuis quarante-deux ans. Batailles usées d'anciens affrontés aux modernes. Les thuriféraires du passé dont je suis par naissance s'y ridiculisent d'aussi bon cœur que les hypocrites apocrisiaires du présent. Point ne verrai-je lever le voile désolant de lois, de morgue, d'afféterie et de sermons dont ce siècle se drape.

L'époque reste dans mon oreille comme un grand bruit de draps déchirés. Henri IV n'avait-il pas imaginé d'interdire l'entrant du royaume de France aux soieries, dentelles et passementeries, bref à tout ce qui fit l'étoffe folâtre de la cour d'Henri III ? Le reste de conscience huguenote du pauvre Navarrais poivré d'ail qui condamnait de bon cœur le saint-frusquin de la cour pour le salut de son âme verdelette dut en rabattre vite fait. À Paris, c'est à la rue de décider de la dernière mode, d'applaudir ou de railler les inventions des grands, de les imiter illico ou de leur faire carnaval. Un simple roi n'en peut mais, quand les reines de la toilette ont parlé. Un seul canon de dentelles sur une gorge colombine pétarda l'édit en un soupir et tout fut dit.

Montaigne, lui, ne s'habillait guère que de noir et blanc :

— À l'imitation de mon père de qui j'appris l'importance de figurer au propre, me dit-il, à sa manière ironique, un jour que le passage de l'ami Trinquet, vulcanisé d'affiquets, plus enrubanné qu'un royal billet doux, avait parfumé ma salle d'une odeur surette et mal lavée qui nous fit plisser le nez de concert.

Le sens propre est ce qui manque le plus à mes contemporains. Ils détestent l'eau à l'égal de mes chattes, mettent autant de soin à leur apparence qu'elles en mettent à leur toilette et ne peuvent qu'ils n'en sortent bien mal léchés.

Vivre au propre comme au figuré, en noir, en blanc, en bais éteints ou en bleus sourds, fraîche de corps, de linge et d'esprit, dans un monde confit en convenances qui masque sa figure sale sous une débauche de couleurs criardes : il n'en faut pas davantage pour être du dernier Gaulois en notre société de perruches. Si la qualité du siècle se mesure à la quantité de tissu qui l'habille, celui-ci ne le céda en rien au précédent.

Point ne me lasse d'en découvrir les inventions. Tant pis, si leur tournure les gêne aux entournures. La mode commande le petit manteau à la clistérique, copié sur les fameux Dix-Sept, grands amis du comte de Cramail, parangons de l'élégance désignés par leur portraitiste, Tallemant des Réaux. Tant pis, si la cape en est trop courte pour leur mettre le derrière au chaud, si le pourpoint, ouvert sur une camisole de soie, les enroue neuf mois sur douze. Tant pis si leur chapeau ne les protège ni du vent, ni de la pluie, la circonférence de son panache servant de parasol à leur vanité. Leur livrée pique d'audace et de vermillon les velours céladon de leurs vêtures aux fentes savantes. Pourpoints, chausses et camisoles accumulent effets et crevés, associent les tons en gammes prodigieuses, rythment leurs déboutonnés et frisent leurs jabots d'ambitieuses trouvailles en même guise que leurs poèmes sucrés, et me barbouillent la vue, outre l'ouïe. Il faut les imaginer, perchés sur leurs talons ouvrés, se prendre les pieds, la mine et la raison dans un grave débat matinal entre le gant de satin vert et celui de peau safran, tout dégouttants de franges. Du soulier galonné de dentelles dorées au ruban noir qui fait ressortir la douteuse blancheur de leur main, chaque détail est pensé, tourné comme un vers de Scudéry. Point ne me lasse d'en découvrir les inventions. Toujours, ils parviennent à me surprendre et je dois tenir ma langue pour ne pas en rire tout haut. À coup sûr, ils me semblent aussi extravagants que je leur suis excentrique. Bref, nous nous amusons les uns des autres à merveille.

Ainsi, mon ratelier de dents de loup de mer est devenu plus célèbre que moi et je fais figure de bateleuse dans mon habileté reconnue à jongler avec à table. Car, ironie de l'âge, me voici forcée de mettre mes dents pour parler et de les ôter pour manger. En quoi, on le reconnaîtra, je n'ai rien perdu de mon mordant !

Quand un Saint-Amant me portraiture, il le fait à la vipérine : vache qui rumine, chatte pelée, poil de goret, caboche plate, jambe de grue et pied d'ânon. En quelques épithètes choisies, me voici peinte en vers vils, vieille ha-ha, sorcière chenue, juste bonne à effrayer les petits enfants qui refusent d'avaler leur soupe. Telle suis-je, à des yeux de vingt ans, et même à ceux de cinquante, quand je viens d'en accomplir rien moins que soixante et dix-sept, sans voir encore le bout de mon âge. Ces furieux bêtas croient que j'ai toujours eu dans le miroir mon visage d'aujourd'hui et s'étonnent que Montaigne ait pu l'aimer. Vieillesse est faute lourde et péché mortel en ces temps où les rois eux-mêmes sont en lisière. Mes protestations redoubleraient leurs ris et leurs moqueries. Je m'abstiens. Ils tiennent ma longévité pour extravagance finie, lubie de vieillarde obstinée à survivre quand la raison la voudrait au rebut d'un siècle que sa présence dépare. Soit. Je relève le défi du temps avec une verdeur qui les laisse béants comme troupeau de bœufs devant porte d'étable neuve.

Ma part de tendresse fut tant mince en ma vie qu'aile de papillon. Mais le souffle m'en dure, perceptible à moi seule. Si faible fût-il, il a posé une onde à la surface du lac étale de mon existence. La plupart n'y voient que l'apparence et les rides. Les caresses et la profondeur passent leur imagination. Car la jeunesse recule à imaginer le visage de l'amour sous la reinette surie de mes joues. La détromper serait illusoire, voire dangereux. Plus personne ne lit désormais mon pauvre Ronsard. Et moi, je suis bien vieille, le soir à la chandelle, à me ressouvenir du temps où j'étais belle.

28

Le siècle de Montaigne était celui des penseurs. Le suivant où je n'en finis plus d'errer sans lui sera, paraît-il, celui des moqueurs. Voilà notre Cardinal raide mort. Ma chambre n'a pas désempli, hier, de toute la journée.

Promenant ses airs penchés et sa silhouette nerveuse, le galant Tallemant des Réaux s'en vint le premier me jaboter la nouvelle à sa façon désinvolte. Ce fortuné Gédéon est un garçon doué d'une paresse ravissante. Il n'eût guère d'autre effort à produire en sa jeune existence que de naître d'un riche banquier, allié de l'illustre famille de Rambouillet, apprendre à marcher droit sur un parquet ciré et regarder grandir une douzaine d'années la jeune Élisabeth, sa cousine, à qui il est promis en mariage aux premiers signes de nubilité. Quelque chose me dit qu'il se paye de sa docilité par l'insolence des pensées dont brille son bel œil noir ombré de cils de fille. Il n'a pas son pareil pour vous débroussailler la généalogie de tout ce qui se dit noble ou prétend l'être à la ville, à la cour, voire à la campagne. Avec cela, un talent fou pour m'esquisser en trois phrases un portrait définitif de la ménagerie des salons où il traîne tout le jour sa dégaine précieuse, enregistrant sur d'occultes tablettes les travers et manies de ses contemporains qui tant le divertissent. Frivole enfant de Montaigne dont il admire prou les Essais, il philosophe sur les rubans, les trahisons galantes, les secrets de famille et les guerres d'alcôve avec le cynisme d'un Ovide, la minutie d'un Tacite et le détachement d'un Socrate. Par chance, je fais partie de sa galerie de familiers et l'applaudis avec assez de justesse pour qu'il se laisse aller à l'orgueil de me livrer ses perles à domicile, quitte à en faire les frais à l'occasion. Ainsi passe-t-il chaque semaine s'assurer si je suis morte et se gaver des solécismes dont l'Académie lui interdit d'user le reste du temps. Cette mauvaise langue a bon style. Chez moi, il prend ses aises, rythme ses diatribes de grands coups de chapeau, essaye un mot, peaufine un nouveau caractère, exécute sa dernière victime, paraît en coup de vent et disparaît de même, me charmant l'œil et l'esprit.

Boisrobert est plus fruste, hypocrite et invétéré courtisan. Abbé de ruelle, ce monstre ragoteur s'intéresse de plus près aux confessions qu'au bon Dieu. Il a la faveur usurière et, s'il oublie volontiers vous être redevable, tient un compte soigneux de ce que vous lui devez. Appliqué à tromper son monde, il finit par s'abuser lui-même. À force de se vouloir indispensable, il arrive que ce souple blondin, dents, profil et mœurs de fouine vorace, agace et tombe en disgrâce. Le voilà tout quinaud, à pleurer sur son sort sans se préoccuper du vôtre auquel il l'a attaché. Fatiguée par avance de me fâcher à lui, je lui pardonne tout et n'en attends plus rien. J'applaudis à ses vers de mirliflore, m'émerveille à ses succès, soutiens ses ambitions et dis amen à tout sans gober une miette de ses fanfaronnades. Lui-même y croit comme quatre, tant est forte sa conviction d'être l'exception. Joli comme il le faut pour charmer sans péril et s'oublier sans gloire, il est le Panurge parfait d'un moutonnier troupeau de courtisans et d'académiciens assoiffés d'honneurs et de privilèges. Sa vie se passe dans les fièvres intermittentes de la faveur et de la défaveur. J'avoue un faible pour la fraîcheur de ses repentirs quand il s'aperçoit être allé trop loin et s'effarouche de perdre une amitié vraie pour une vantardise éhontée ou de fausses illusions.

Reste Guez de Balzac, le moins drôle des trois. Sa prétention m'horripile. Protégé du duc d'Éperon, élève des savantissimes pères Garasse et Coeffeteau, il garde la tête enrhumée des vapeurs admiratives dont ses maîtres furent entourés. Le cavalier, comme nous l'appelons entre nous, respire le sublime au risque du ridicule. Ses haute taille et ventrue corpulence l'habituant à toiser le monde, il a de ces façons de lever le menton pour vous persuader qu'il a raison, à vous donner envie de lui claquer un gant sur son arrogante figure. Il se juge grand orateur et ne souffre pas qu'on l'interrompe. Son éloquence cicéronienne prélude sans fin à des idées trop plates pour qu'on leur donne un tel élan, rendant sa conversation filandreuse et plutôt indigeste. Il me chipote Montaigne et résume à lui seul les pires travers académiques. Pour tout dire, je le préfère absent de Paris quand Chapelain ou Conrart me lisent ses lettres tournées, ma foi, avec un agréable négligé qui ne néglige toutefois jamais de parler d'abord de lui-même. La distance lui procure une aisance sur le papier que jamais il ne s'autorisa en paroles et ses lettres sont assurément ce qu'il a fait de mieux pour assurer sa plumitive renommée.

De Tallemant, de Boisrobert ou de Guez de Balzac, je ne sais lequel prend le plus de plaisir à me taquiner sur l'indécence de mon âge avancé et la vigueur offensante de ma longévité à dépendre de leurs bontés. À ce point qu'il m'arriva de susciter le bruit de mon trépas subit afin de provoquer le plaisant galop qu'ils me font à grimper ventre à terre jusqu'à moi pour des nèfles et, tel Gédéon hier, à s'indigner de me voir toujours vive :

— Comment, Madame, on s'éternise ? Quand donc apprendrez-vous à mourir dans les règles, pour épargner à vos amis la fatigue de vos escaliers ! Prenez mortel exemple sur le Cardinal qui vient de lâcher la rampe pour s'en aller siéger en l'Académie des cieux.

— Mon cher, tel que je le connus, il me sembla

plutôt voué à celle des enfers. Quant à l'imiter, vous savez mieux que quiconque combien je goûte la contre-règle et ne prends exemple sur aucun, fors Montaigne, au risque de vous courroucer pour le plaisir de nous contre-courroucer, ainsi que mon illustre ami le prôna en son livre deux. Par suite de quoi, ne vous déplaise, je me sens plus remuante que jamais !

Nonobstant cette ingrate querelle, Richelieu est mort hier, quatre décembre 1642 et le petit peuple parisien des lettres est en émoi. Tenant à lui faire bonne mine, j'y vais de mon oraison :

— Ma foi, j'ai décidé de lui survivre. Quoi qu'il ne m'ait point nommée en son Académie française, ni davantage en celle de ses Inscriptions et Belles Lettres, me voici très tentée de lui faire l'aumône d'un funèbre discours, d'une apocoloquintose à la manière de Sénèque : « Monsieur le Cardinal s'était mis en puissance de rendre l'âme, mais ne pouvait lui trouver d'issue... » Métamorphoser la pourpre en citrouille me semble plus que jamais de grande logique et nécessité. Selon moi, ce genre de dithyrambe sénéquien post-mortem devrait être remis à l'honneur afin de nous purger de nos ires rentrées et nous redresser de nos courbettes contraintes.

« Le coq est roi sur son fumier », dit encore Sénèque en ce texte méconnu qui m'a réjouie d'emblée comme un salutaire éternuement de l'âme créatrice enfin libérée de ses servitudes volontaires par la mort de son étouffant bienfaiteur. Un Richelieu vaut bien un Claude, fût-il empereur romain ! Son Académie française lui survivra-t-elle ? Je gage que oui. Il l'a solidement érigée pour son immortalité. Ce grand mécène des arts et des lettres a-t-il jamais donné une piastre qui ne fût destinée au monument de sa propre gloire ? Voilà Boisrobert bien content. Sa disgrâce est finie. Car le Cardinal s'était lassé, à la fin, de son incurable inconstance d'opinions et de mœurs. Je gage qu'il calcule déjà comment rentrer dans les petits papiers du chancelier Séguier à qui Richelieu a légué le protectorat de son Académie française. Quant à moi, je fais mine de gagnante dans notre sinistre jeu de saute-tombeau.

Les souvenirs affluent, bons et mauvais. Le Cardinal après avoir fait preuve du meilleur pour s'élever, fut constamment capable du pire, sitôt le sommet atteint. Je lui garde personnelle rancune d'avoir déclaré la guerre à La Rochelle des mots. Je le hais d'avoir poussé les hommes comme des pions à renier leurs amitiés, manger leur chapeau et prostituer leur plume pour lui plaire. J'abomine ses façons de s'approprier le talent d'autrui. J'exècre l'envie qui le tord face à qui le surpasse. Ainsi du jeune Corneille. À mon sens, la vraie faute de l'auteur du *Cid* fut de prétendre, le succès venant, rompre l'asservissement de plume où son Éminence maintenait à louage ses remarquables facultés. Ils furent ainsi quatre ou cinq en permanence occupés à faire briller à sa place la gloire littéraire de leur maître. Le procédé n'est pas neuf. Montaigne dénonce ces pratiques, indignes d'un haut esprit :

— « J'ai vu faire des livres de choses ni jamais étudiées, ni entendues, l'auteur commettant à divers de ses amis savants la recherche de celles-ci et de cette autre matière à le bâtir, se contentant pour sa part d'en avoir projeté le dessein et empilé par son industrie ce fagot de provisions inconnues ; au moins est sien l'encre et le papier. Cela est en conscience acheter ou emprunter un livre, non le faire. »

Richelieu lâcha ses chiens. Maret le premier et Scudéry ensuite. Menées ridicules contre de soi-disant règles bousculées à ravir. La querelle du Cid incendia nos salons de mars à décembre 1637. L'Académie s'en mêla et le condamna à son tour. Le soufflet du comte à Don Diègue avait surtout frappé la vanité du Cardinal et de ses médiocres tabellions. Lassé de cette tragi-comédie hors les planches qui tournait à l'injure, Monseigneur y mit un terme de lui-même. Mais le mal était fait. Corneille, si merveilleusement prolixe, nous resta trois grandes années sans écrire, amer et rebuté du métier d'écrivain. Est-il pire péché que d'avoir fait douter un tel poète de son talent par l'art consommé de lui en faire une guerre ?

« On peut faire le sot partout ailleurs, mais non en la Poésie, disait Montaigne. C'est l'originel langage des Dieux. »

29

Mes trois compères ont fait des gorges chaudes de l'audience privée que m'accorda jadis le Cardinal sur la recommandation de Boisrobert. Le mariage de Louis XIII et d'Anne d'Autriche ayant mis fin à la régence de Marie de Médicis mais non à ses intrigues, elle finit par être exilée à Compiègne. Il me fallut trouver d'autres protections.

Boisrobert me mena à Richelieu comme chèvre folle au piquet pour appâter le loup, mais moi, je me gardai bien de prendre la chèvre aussi vite qu'il s'y attendait. Occupée à considérer de près cet éminent personnage, je ne prêtai pas tout de suite attention à la teneur de son discours. Il est vrai que j'étais bien placée pour savoir que Boisrobert lui avait servi d'écrivain. En conséquence, la musique de la voix et la pourpre des apparences m'en apprendraient davantage que des paroles d'emprunt.

Ma foi, il était à peindre. Le cabinet tendu de damas purpurin, la robe cramoisie, le grenat de sa bague, le carmin de ses lèvres et contre ça, l'éclat immaculé d'un roncier de dentelles fines blanchies à mourir, de son visage glabre sous un trait de moustache, un pinceau de barbe charbonneux à souhait, autant que la prunelle d'encre qui m'examinait jusqu'à l'os, non moins impertinente que la mienne, me donnèrent des distractions. Je vis tout et il le vit bien. Le décor rubicond, l'or du pectoral, la faille de la grandeur, les plis de l'opulence, la force du maintien. Tout chez lui figurait le goût de la richesse et la hautesse du goût. Une magnificence empreinte de simplesse, une ténèbre de raffinement, un chef-d'œuvre d'intelligence en gloire et de puissance en pied. Tel parut, plus César que Claude, plus mécène que tyran, Armand Du Plessis Cardinal de Richelieu, le jour où je le rencontrai.

Sa diction précise vint à bout du discours bouffon, cousu par Boisrobert de ces mots obsolètes dont j'use couramment et que l'Académie démoda avec sévérité. L'Abbé s'étouffait de rires contenus. Et moi, je me demandais si Monseigneur concevait quelle fatrasserie son porte-plume lui avait mise en bouche. Quand il se tut, je laissai parler ma nature, tenant à relever la grossièreté de cette réception et à lui faire entendre qu'il s'en fallait de beaucoup pour qu'il m'intimidât.

Ma réplique est devenue célèbre malgré moi :

— Vous riez de la pauvre vieille ! Mais riez, grand génie, riez ; il faut que tout le monde contribue à votre divertissement !

Ai-je rêvé le nuage d'incarnat qui rougit sa joue
pâle ? Il leva sa main fine dans un geste d'apaisement
apostolique et m'examina avec un intérêt subit. Son
humeur changea. Est-ce parce que je suis accoutumée à déchiffrer les signes de colère que me donne
ma chatte quand elle bat deux ou trois fois le petit
bout de sa queue avant de lancer un coup de griffe ?
Je notai le tapotis de l'ongle cardinal sur le bois
d'ébène de la table, la crispation du sourcil, et guet-
tai la colère montante tandis que cette canaille de
Boisrobert, trop content de lui, poursuivait sa comédie sans y changer une ligne. Il a glosé d'abondance
sur son astuce à tirer pécunes du Cardinal dans un
dialogue éhonté, m'obtenant d'entrée deux cents
écus de pension, plus cinquante écus par an pour
l'entretien de Mademoiselle Jamin, décrite à la gou-
jate bâtarde d'Amadis Jamin, page de Ronsard. Au
comble de l'effronterie, il réclama supplément pour
ma mie Piaillon, ma chatte et ses petits, puisque
aussi bien elle avait châtonné, prouvant, selon
Richelieu, qu'elle avait des tripes, ce qui nous valut
en sus vingt livres annuelles de l'Eminentissime et
une pistole de mieux par chaton.

La fin justifiant les moyens, je ne bronchai point
durant la surenchère, rempochant ma fierté, car
j'avais grand besoin de ce pécule si âprement disputé. C'est un trait curieux, commun aux gens polis,
que d'éprouver la honte de la grossièreté d'autrui.
Mais une vieille carne de remise comme moi ne sent

plus le mors ni la bride au point de les prendre aux dents. Ceci dit, parmi les rois, reines et grands dont je tirai pension au long de ma longue vie, ce fut assurément la plus étrange sollicitation et le répons le plus malappris. M'autorisant un demi-sourcil levé en signe de réprobation, je tournai le compliment d'usage et attendis mon congé, dévisageant à la stoïque ce puissant bien haut placé pour se comporter de si basse manière. La leçon, pour être coite, porta. Ce garnement de Boisrobert ne s'en est jamais vanté, mais le Cardinal, en un sursaut d'orgueil ou de bénévolence, je ne sais, le congédia :

— Tout beau, Le Bois, l'affaire est entendue. Trêve de sottises. Sortez ! Vous nous brisez la tête. La demoiselle et moi voudrions pratiquer un moment nos propres répliques. Il semble que nous n'ayions plus céans besoin de vos services.

Le coup de patte porta. Boisrobert me laissa la place. Il se demande toujours comment j'obtins par mon silence une faveur que jamais son bavardage ne lui gagna. Une portière l'escamota. Une autre s'ouvrit sur le cabinet de lecture du Cardinal. Il entendait converser avec moi en son particulier et me montrer ses livres :

— Il semble que l'abbé nous ait fait porter des lettres de Bellérophon dont nous avons déjoué la traîtrise. On sait que de telles recommandations renferment des arguments contre les intérêts de celui qui les porte.

— Tel un sage Iobate, vous avez pénétré son jeu qui visait, je gage, à vous divertir plutôt qu'à me nuire. Considérez, Monsieur, que l'incident est clos et oublions ce maladroit.

— Bien suis-je renseigné par de multiples voix. Ainsi Demoiselle, avant moi, je sais que vous fûtes aimée et protégée de Catherine de Médicis, de Marguerite de Valois, de feu le roi Henri et nombre de puissants avisés. Vous accorder pension est bien le moins que je puisse faire en si glorieuse succession et je vous prie encore d'excuser cette audience peu convenable. De fait, je m'honore de rencontrer en vous une femme qui connut le grand Montaigne alors que j'étais en mes enfances et marchais à peine. M'en direz-vous davantage ? Est-ce de lui que vous tenez cette assurance à solliciter sans vous abaisser ?

L'amende était honorable et je lui en sus gré. Engagée à lui conter l'objet de ma passion, je n'y résistai point, combien que je veillasse à entrelarder mon récit de comparaisons flatteuses pour sa Grandeur qui condescendait ainsi tout bas s'être trompée sur mon compte. Très au fait de mes batailles édito-riales, il possédait moult éditions des Essais et ne cela point son désir de me donner latitude d'ajouter à la liste celle qu'il parrainerait et financerait volon-tiers. Il me montra aussi quelques siens ouvrages issus de la librairie de Montaigne. Je pus lui confirmer qu'ils étaient bien annotés de la main du grand homme dont l'écriture m'était très familière :

— Las, Monseigneur, soupirai-je, nos librairies ne nous survivent point. Combien aurais-je donné pour conserver celle de Montaigne intacte. S'y contemplait dans toute son étendue le paysage de sa pensée, aligné à merveille sur l'horizon des étagères incurvées de la tour ronde où il écrivit l'essentiel de ses Essais. J'eus cette chance de la visiter avant qu'elle soit dispersée en des mains qui, pour être amicales ou érudites, n'en étaient pas moins disparates. J'eus aussi ma part, la mort dans l'âme, à ce démembrement post-mortem auquel il n'est point de remède, à moins d'avoir un fils taillé à la mesure du père. Rien n'est si navrant que de voir la place forte de la pensée, construite pierre à pierre et entretenue toute une vie, démantelée et ruinée par la disparition de son architecte. Mieux qu'une Académie française, j'eusse aimé que vous nous imaginiez une Thélème où faire livrer nos livres après nous, dans l'ordre où nos mains les ont placés et feuilletés. Il me semble que nos librairies parlent mieux de nous que nous-mêmes. Ainsi, je regarde la vôtre et je vous lis tout entier dans la succession des titres et le choix des volumes.

Le bruit de l'antichambre s'amplifiait. Notre conversation se prolongeait. On s'en étonnait, sans doute, mais Richelieu n'en avait cure. Il me faisait les honneurs de ses trésors et s'enchantait à l'évidence de mes commentaires. En quoi, lui dis-je, il ressemblait à Montaigne qui goûtait ma franchise. Ne m'avait-il pas toutefois prévenue contre ses effets dans un petit mémoire resté notre secret ? S'il le désirait, en remerciement de ses bontés, je lui ferais tenir copie de ce *Petit Traité du commerce des grands* dont me dota Michel avant que de me lâcher seule dans les traverses et les pièges de la vie courtisane où ma petite noblesse m'obligerait à négocier avec les puissants. Écrit sans retenue aucune, il n'était point destiné à la publication et je le priai de recevoir ce placet en confidence et de le cacher aux profanes. Le mystère en doubla-t-il le prix ? Depuis, à la constante surprise de mes amis et suspiscion de Boisrobert, je reçus maintes preuves de la dilection du Cardinal qui, s'il ne m'ouvrit pas pour si peu les portes de son Académie, lui interdit de m'ostraciser de la vie des lettres françaises et me versa fidèlement pensions et subsides.

Jusqu'à ce jour d'hui où, tandis que je méditais de l'apocoloquintoser, un secrétaire en livrée me vint apporter tout à l'heure sous pli cacheté et scellé la copie du *Traité* de Montaigne dont il ne voulait pas qu'elle tombât en de mauvaises mains car, se souvenant de notre conversation première sur la vanité de prétendre conserver après la mort les secrets de nos librairies, il commanda qu'on me le remît sans l'ouvrir.

Glisser entre ces pages la copie de ces sages et

irrespectueux conseils suffira à faire le tombeau du Cardinal. Lui qui défit si souvent le lit de la noblesse et de la grandeur où il se voulait prélasser, par son avidité à s'emparer de ce que les Grands dont parle Montaigne possèdent au berceau.

30

PETIT TRAITÉ DU COMMERCE DES GRANDS
PAR MICHEL, SEIGNEUR DE MONTAIGNE

Ainsi que je l'écrivis qui-cy, qui-là, en mes Essais, les princes me donnent prou s'ils ne m'ôtent rien et me font assez de bien quand ils ne me font point de mal. Le portrait que j'en fais, les exemples que j'en donne, vous guideront à déchiffrer leurs caprices et à garder contenance digne. Vous verrez qu'il y a de la constance en l'inconstance des grands depuis l'antiquité. La barbarie frise sous la couronne. Le pouvoir rend les cœurs humains cruels, empoisonne leurs cervelles de doutes, fausse leurs discours et fait sauter leur humeur au souffle du moment. Peu en réchappent. Ils n'en seront que plus dignes de votre attachement. Encore faudra-t-il apprendre à les reconnaître.

Mon souci est de vous protéger après moi en vous enseignant à vous protéger vous-même, et en quelle guise trouver protection des puissants sans prostitution de conscience, tout en vous abritant des excès prévisibles de leurs faveurs et défaveurs.

S'ATTACHER AU SOMMET. Les grands nous sont d'un grand usage, et les grands entre les grands d'un plus grand encore. Car l'éclat de la faveur reluira de la gloire qui l'accorde. Car le vrai pouvoir ne requiert que de soi, et non d'un tiers, la bonté de vous faire du bien. Car dire ou demander merci à si haut personnage laissera la tête haute combien qu'on la courbe.

ÉLIRE SELON SON CŒUR. Se donner un protecteur qui ne deviendra jamais un ami par sa trop haute position, mais aurait eu quelques qualités à l'être. Choisir qui peut vous gouverner sans vous déshonorer. Qui pourra se flatter de s'acquitter à vous. Qui ne prendra jamais votre fidélité au rebours de vos principes. Qui ne cherchera pas à acheter ce que vous ne lui vendez point : votre liberté, votre conscience, vos pensées. Sachez l'apprécier pour qu'il vous apprécie et mette un juste prix à cette appréciation.

SE LIER PAR DEVOIR. Rendre hommages et services dus avec rigueur, exactitude, dévouement, mais point trop d'affection. Savoir distance garder. Respecter qui vous oblige est le meilleur moyen de l'obliger à vous respecter. S'attacher sans attachement. Une froideur subite après la chaleur extrême du précédent accueil vous piquera moins si vous

mettez à remplir votre charge plus de soin et de raison que d'amour. Faire calme figure à l'ingratitude
des princes est le meilleur moyen de regagner aussitôt leurs grâces. Répondre à l'appel du devoir est
sans risques. Céder au chantage des sentiments ferait
de vous le jouet entravé à la volonté d'un maître.
Pire, votre faiblesse coupable ferait de lui un bourreau. Ce qui ne serait digne ni de vous, ni de lui. Se
lier, donc, mais ne point s'enchaîner.

FLÉCHIR LE GENOU, PAS LA RAISON. Savoir dire non à
la tyrannie comme au tyrannicide. Garder les secrets,
refuser le complot. Se dérober quand il le faut sans
en faire un affront. Préférer le silence à la contradic-
tion. Avoir la curiosité de l'avis d'autrui et de
muettes certitudes sur le sien. S'incliner, mais ne
jamais se rendre. Se tenir à sa religion quoi qu'il
en coûte. Être toujours véritable et s'en faire une
réputation. Être maître des cupidités propres à alté-
rer le jugement et à le détourner de son droit chemin. Ne rien craindre, même un ennemi vivant et
outragé, sauf de se trahir soi-même ou sa parole.
S'offrir par ses opinions les plus vives et une forme
qui n'appartienne qu'à soi. Se préserver toutefois des
excès de la pureté et de la perspicacité.

TENIR SA PLACE. Être assuré de soi et digne de son
nom. La valeur se prend en soi-même, pas en l'opinion d'autrui, fût-il roi. En user dès l'abord avec les

grands à l'égal des humbles, d'une franche contenance, libre de ses pensers. Faire même figure au prince qu'au berger. On est toujours le grand de quelqu'un d'autre. Renoncer à la prérogative de donner pour accepter de recevoir, devenir le berger d'un grand quand on est le grand du berger sont actes de soumission extraordinaires dont on vous devra compte. Mettre de la noblesse en ses moindres actions et paroles. Éviter d'être incivil par trop de civilité et importun par trop de courtoisie. La réserve est vertu cardinale en ce commerce délicat. Taire ce qu'on vous a confié. Accomplir ce que vous avez dit. S'abstenir parfois d'agir avec la même générosité qui vous poussa à réagir en d'autres circonstances. Renoncer à la gloriole de faire connaître ces qualités à tous quand elles ne doivent être sues que du seul prince. Vous y gagnerez son intimité. Et si vous avez obligé un ingrat, le démenti sera moins cruel d'être moins public.

SERVIR GAIEMENT. Se souvenir d'être venu de son libre arbitre se ranger aux côtés du prince. Se tenir droit et heureux en cette position, sans se plaindre des rudesses du service. Faire de grand cœur figure de fidèle. Se présenter toujours d'un air engageant, prêt à répondre au premier appel. Accepter les basses besognes d'un esprit haut vaudra toujours mieux que d'accomplir bassement de hautes tâches. Trouver des alliés de sa trempe en l'entourage royal et en faire un bataillon de l'esprit, une bonne compagnie à réjouir les heures creuses ou sombres.

GAGNER DU TEMPS. Prodiguer son temps et sa peine sans attendre rétribution. Les grands sont oublieux de nature, mais il ne vous incombe pas de souligner les promesses qu'ils n'ont pas tenues. Mépriser vos désirs. Continuer vos offices. L'avenir y portera remède. Nul murmure, nulle plainte ne sonneront jamais aux oreilles d'un prince assommé de sollicitations comme l'assourdissant silence d'une fidélité mal payée. Laisser d'autres voix lui conter vos mérites et le rappeler à ses devoirs. Agir en première ligne. Cultiver l'effacement. Se rendre nécessaire. Se faire regretter. Durer. Autant de mouvements qui feront votre fortune. Paraître quand il le faut. Disparaître pour mieux servir. Assister aux heures sombres. Manquer à la fête afin qu'elle soit incomplète. Faire partie du dernier carré de la nuit plutôt que de la presse journalière des courtisans. Multiplier protections et pensions à proportion de votre faiblesse. Être à chacun comme à un seul afin qu'à eux tous, ils en valent un.

SE CULTIVER POUR SOI. Connaître ses défauts. S'en faire qualité. Cette opiniâtreté, la tourner en confiance. Cette langue bien pendue, l'exercer en conversation. Cette paresse native, y puiser recul et sagesse. Cette vivacité, l'abonder en esprit. Et de cette insolence, tirer sagacité. Apprécier ses qualités. S'en faire apprécier. Savoir écouter. Parler vrai. Réfléchir. Anticiper. Qu'y faut-il ? Le nécessaire et le suffisant. L'audace de l'estomac et le foie fidèle. La pénétration des situations et la modestie du savoir. Par-dessus tout la connaissance de soi. Servir autrui, soit. Mais de plein gré.

SOLLICITER DE SOI. Se forger des mérites en propre, aux fins de mériter une préférence à laquelle la naissance suffirait peut-être pour celui qui la donne, mais pas pour soi. Écrivez. Des odes, des traités, des compliments, des dialogues, des romans, des essais, n'importe quoi. Mais écrivez. Et que la pensée y soit si le génie n'y vient. Savoir manier la plume est de grande conséquence au regard des grands. Célébrations de papier valent mieux que fastueux banquets à offrir à ses bienfaiteurs. *Scripta manent.* Écrire vaut titre de noblesse et permet de se dédier sans déchoir, et à plusieurs.

Vivre de la faveur d'autrui est un rude métier. Les grands, comme les autres hommes, ne valent que par eux-mêmes. Quelques-uns sont plus grands de ne point l'ignorer et se souviennent du fin mot des Essais : « Si avons-nous beau monter sur des échasses, encore faut-il marcher sur nos jambes. Et au plus élevé trône du monde, si ne sommes assis que sur notre cul. » Qu'il vous en souvienne aussi.

31

Le secret de mes écritures nocturnes a bien failli
être éventé. Nicole est entrée dans ma chambre sans
crier gare. Ma gentille suivante m'aime comme une
fille et m'agace comme une mère. Le moindre courant d'air, le moindre bruit la font accourir. La porte
a claqué, la chatte a bondi, la chandelle a vacillé et
moi, saisie, j'ai lâché ma plume. Voilà mon drap
gâché. Feignant d'avoir été réveillée en sursaut, j'ai
masqué de ma courtepointe les papiers étalés sur ma
couche. Son intention était bonne, mais je me suis
fâchée. A-t-on idée de faire un tel vacarme au milieu
de la nuit ! Occupée à ranimer le feu de crainte que
je prisse froid, elle n'a pas noté ma confusion, a soupiré de mon accueil grognon et s'est retirée, non sans
avoir refermé la fenêtre que j'aime à garder ouverte
contre son avis. Pour ma santé, tout lui fait peur.
Ne prétendit-elle pas m'interdire les veillées entre
amis, la lecture à la chandelle et le vin chaud pour
m'endormir ? Il me fallut y mettre le holà. Que ne
dirait-elle pas si elle savait que je passe à écrire les

heures qu'elle m'adjuge au sommeil. Une fille peut devenir pire qu'une mère. J'aurais eu du mal à lui justifier ce fouillis de placards annotés à pleines marges du roman que j'y rédige de ma petite écriture sage, chaque nuit, depuis des mois. Des placards, elle en vit trop souvent sur ma table et en détesta les contraintes, l'obligation de ne pas les déplacer, le travail qu'ils me donnaient et jusqu'à l'odeur d'encre fraîche qui lui faisait plisser le nez quand elle était enfant.

Car mon cœur, réputé si sec, adopta la petite Nicole Jamyn comme un chaton perdu. Un grain de plus au chapelet d'enfants que j'élevai au monde où je ne les avais pas mis. Prendre soin de la destinée et de l'éducation des enfants des autres fut l'une des grandes affaires de ma vie. J'y acquis la conviction que le cœur est une chair aussi sensible qu'un ventre.

La société est cruelle aux filles et plus encore aux bâtardes. Aussi la blasonnai-je à ma façon, la déclarant née du plus gentil des poètes mineurs, copiste du grand Ronsard, dont son marchand champenois de père est l'homonyme. Son enfantin babil m'amusait. Nourrie à la mamelle d'absurdes dictons de nourrice dont elle ne perçait pas la populaire malice, elle me les dispensait de bon cœur et à contre-pied, son plumeau maladroit me poussant au comble de l'exaspération à déplacer sans fin la poussière de mes cornues sur mes livres et de mes étagères sur mes papiers. Avec elle j'oscillais en permanence entre affection et agacement. Avec moi, elle balançait en permanence entre fuite et dévotion.

Quand elle arriva chez moi, toute roussote et laide qu'elle fût, avec sa maigre natte et ses yeux jaunes, ses douze printemps me jugèrent tant plus étrange que vilaine. Ma personne et mes occupations la déconcertaient absolument. Sa niceté égalait son indiscrétion. Levai-je le nez ? Une grêle de questions me tombait dessus. Le long silence de mes journées d'étude l'effarait. Sa jacasserie était destinée à emplir le monde, trop vaste pour son modeste entendement. Quand trop m'impatientait de la voir béante, attendant pour bouger que j'aie tourné la page de mon livre ou que ma plume cessât de crisser sur le papier, je m'essayais à me voir telle que je lui apparaissais : une manière d'épervier à l'œil acéré et au plumage sombre, perchée menue aux bras de mon austère fauteuil d'où je lui semblais dominer le monde d'incompréhensibles discours. Une vieille chouette aussi parcheminée que son papier, pleurant l'encre à toute heure du jour et de la nuit. La pauvrette dut parfois se demander si elle en était la proie ou l'ombre. Cette pensée suffisait à m'attendrir. Mon sourire la délivrait de ses terreurs obscures et elle reprenait à l'étourdie ses piaillements et son remue-ménage.

Que je fusse son seul recours et unique attachement disait le total dénuement où son fripon de père l'avait laissée. Les hommes sont bien coupables de procréer sans souci du devenir de leur progéniture. La placer serait difficile, la marier hasardeux. Et de fait, je désespère encore qu'elle dise oui à Monsieur Salvat de Salvetat. On me fit mille rebuffades au prétexte de sa naissance. Je crains que la fillette n'ait pris mes indignations à ce sujet pour de la colère contre elle. Je crois bien que je lui faisais un peu peur.

À présent grandelette et tout à plein apprivoisée à moi et à mes foucades, Nicole reste fidèle à mes côtés. Sa sèche petite main sur mon front se fait tour à tour maternelle et grondeuse quand elle me surprend assoupie sur mon écritoire. Ainsi les filles deviennent-elles les mères de leurs mères dans l'extrême intimité des corps vieillissants. Cette aimable menotte, je le sais, me fermera les yeux quand je me serai endormie pour de bon et cela m'est d'un très grand réconfort.

Mon testament lui dira ma reconnaissance et s'essaye à l'abriter après moi de son incurie native. Il crée le seul lien qui vaudra jamais entre elle et mon jeune ami François La Mothe Le Vayer pour qui son faible cœur bat rien moins que fraternellement. Nous raffolons chacune de ce racé cavalier. Moi, au motif secret que, né en 1588, il est en quelque sorte le fils spirituel de mon été avec Michel. En quoi il est digne par la finesse de son esprit, l'élégance de sa plume et l'étendue de ses lectures. Nicole est plus sensible à l'azur de son œil frais sous la boucle brune, à sa taille déliée, à la pâleur de son front et à son exquise urbanité. Elle croit déceler une passion muette là où je ne vois qu'aimable indifférence. Quant à moi, j'adore le pousser hors de ses gonds. Son entêtement est inouï. Tel un moderne Mucius Scaevola, il préférerait mettre la main au feu que dénoncer ses amis. Il dit, et je le contredis à ravir, au désespoir de ma pupille. Croit-elle que je ne vois pas ses yeux grossis de larmes quand nous théologisons trop fort et qu'une bourrasque de disputes emporte notre François jusqu'à claquer la porte derrière lui ? Trop bien sais-je qu'il reviendra pour le plaisir de la pure controverse où je lui suis une adversaire de choix. Si rares sont, en ce siècle inconséquent, les occasions d'exercer dans l'ordre le baguenaudier de nos pensées. Mais la timide Nicole le croit parti à jamais et s'épouvante de ma mauvaiseté, sans l'oser dire tout haut.

Sa nature poltronne fut mise à rude épreuve en mon impétueux voisinage. Cousue par le destin à mes jupes querelleuses, elle dut essuyer maintes tourmentes étrangères à son esprit naïf. Chaque jour lève une nouvelle contrariété, une nouvelle bataille. Pour un mot de trop interdit au bataillon des précieuses, pour un poète aimé traîné dans la gadoue grammairienne, pour un obscur imprimeur qui se donne brevet tout seul de tripoter les écrits de Montaigne, pour une séance houleuse de l'Académie française dont Chapelain me rapporte le fin mot qui n'est pas le bon, le feu me prend et attise celui de ma vie. Car si point n'y ai part, si point n'y puis donner de la voix, opiner, regimber, rebéquer par des remontrances, ratiociner à l'envi, autant mourir sur place du dépit de n'être plus du train du monde.

L'âge m'a bannie des imprimeries. Il n'y aura plus d'autre édition des Essais dirigée par Marie de Gournay. Mon avenir est derrière moi et Nicole le sait mieux que moi. Me voici prise sur le fait, rajeunie par la frayeur qui m'a fait battre le cœur plus fort, amusée, réjouie, réveillée tout de bon.

Ces pages s'amoncellent dans le mystère de mes nuits où je me donne rendez-vous pour me parler de Michel, du bel été de ma vie, et relire une dernière fois ses Essais, à petits coups de plume, histoire de tirer à moi seule mon irrévérencieuse révérence.

32

Qui suis-je pour oser me réclamer du grand Montaigne ? Sa dernière amie et sa première éditrice. Rien de moins. Est-ce suffisant pour me mêler de rédiger mes essais sous les siens et parler de moi, si obscure, comme il parla de lui, si fameux ? Suffisant pour moi, assurément, puisque je serai la seule à me bercer de ces pages où je remonte, degré après degré, le roide escalier du temps, cramponnée à son texte. Qui suis-je, sinon celle dont son amitié fit son égale, sans jamais m'obliger à me contraindre ou à me feindre différente de ce que je suis.

L'heure de travailler à raccommoder les Essais à la vie avait sonné. Pierre de Brach entra comme un fantôme en ma maison et se tint un long moment immobile, colosse de deuil, incapable de parler ni de pleurer. D'un geste lent, quasi cérémonieux, il tira d'un sac de drap vert la boîte plate, si familière, où j'avais vu Michel serrer son manuscrit pour voyager. La part la plus vivante de notre ami reposait à l'intérieur de ce coffret aux ferrures modestes, taillé au format des placards des Essais dans un noyer de son domaine, par un menuisier du village. L'homme s'était appliqué à suivre le fil argenté du bois et à le polir, mais l'ouvrage demeurait fruste. Armé de simples crochets, il ne devait tenter aucun picoreur. Nulle marque extérieure ne révélait le trésor qu'il contenait. La housse aux liens de cuir était conçue pour être sanglée à la selle du cheval.

Ma main hésita sur le couvercle clos comme dut le faire celle de Pandore. Contrairement à elle, je connaissais le contenu de la boîte. Devais-je l'ouvrir, accepter l'obèle qui inscrirait ma vie aux marges des Essais, respecter le vœu de mon ami et devenir sa première éditrice ? La part d'inconnu étaient ces ajouts que Michel avait apportés à son œuvre durant ces dernières années. La curiosité me taraudait autant que le doute. L'amour nous pétrit de désirs et de peurs. Le pire était devant moi : éditer les Essais deviendrait mon métier et ma fierté, mais serait un enfer si je me montrais incapable de suffire à la tâche qu'il m'avait impartie.

Allons donc ! Le pire était déjà advenu : Montaigne était mort, le mouvement de son œuvre arrêté à l'horloge du temps. Il n'y aurait pas de réveil à ce songe affreux où Pierre et moi nous retrouvions orphelins de lui et dépositaires de son œuvre. Le prenant par le bras, je le menai au fauteuil, près du feu, où notre ami avait si souvent passé la nuit à

bavarder. Assise à ses pieds, je laissai nos âmes éplo-
rées se reconnaître dans leur douleur. Pierre était le
seul qui mesurât ma perte. J'étais la seule qui pût
deviner la sienne. Personne d'autre ne nous en tien-
drait compte pour ce que nous n'avions aucun lien
de parenté avec Michel, aucun droit de porter son
deuil. Le monde juge indécente l'affliction qui n'est
point commandée par les convenances familiales et
s'en détourne avec une sorte d'horreur, y voyant la
manifestation éhontée d'un attachement illicite.
Comment parler d'amour à qui ne sait aimer ?

Un à un, les chapitres des Essais et leurs allongeails sortirent de la boîte où Pierre et Françoise de
la Chassaigne les avaient empilés avec soin. Dès les
premières liasses, le découragement me prit. Michel
en avait augmenté le volume d'un tiers. Puis la
curiosité l'emporta et je me mis à lire. La voix aimée
résonna sur la page, secoua la torpeur de ces mornes
années, éveilla mon intérêt, exigea mon attention et
l'obtint. Pierre m'avait apporté le texte préparé de la
main de Montaigne pour l'impression prévue en
1592. Comme promis, mon bienveillant ami en
avait fait deux exemplaires, mais s'était lassé sur le
tard de redoubler chaque ajout jusqu'au plus minuscule. Pierre et Françoise avaient décidé de conserver
au château la version la plus incomplète. Mon exemplaire, criblé d'obèles, était surchargé d'ajouts, de
contre-ajouts et de ratures. L'œil suivait, fasciné, la
houle de la pensée. Les repentirs poussaient leurs

vrilles en tous sens dans les marges. Quand les blancs des placards étaient pleins, il y glissait un de ces brevets volants qui me faisaient redouter les courants d'air. J'en vins à me constituer un système d'annotations servant à repérer la présence et la succession de ces feuillets mobiles, puis à les paginer pour en faciliter l'impression et n'en omettre aucun.

Michel avait été frappé que je saluasse, dès ma première lecture de son tiers livre, l'allongement de ses chapitres. Je trouvai au chapitre neuf un allongeail à ce sujet. Pour ne pas rompre l'attention avant qu'elle soit née, il avait choisi d'ouvrir de larges allées dans ses pensées au lieu de nous mener un train d'enfer comme dans les deux premiers. La plupart des essais forment de brefs sentiers au détour d'une idée, sautent d'un exemple l'autre, coupent son style de fondrières et lui attirent les reproches des puristes. Ses ajouts modéraient cette presse et complétaient le portrait qu'il prétendait faire de soi.

J'observai qu'il y avait peu de changements à la première et à la dernière phrase de chaque chapitre. Il avait constamment soigné, dès le premier jet, l'exorde et la péroraison. Car sa grande crainte était de voir ses lecteurs picorer son texte qui-cy, qui-là, grattant et caquetant comme poules au grain. Aussi s'attachait-il à en aiguiser la curiosité d'un mot un peu cru, d'un exemple insolite ajoutés à la ligne de l'idée première. Je me référai à l'ordre des chapitres qu'il m'avait dicté en 1588 et, sauf indication contraire et explicite, m'y tins depuis avec rigueur, en dépit des instances de maints imprimeurs de ce siècle, excités à en bousculer l'ordonnancement sous prétexte de renouveler l'intérêt des lecteurs. Le plus dur fut d'en régler l'orthographe et la ponctuation, car Michel s'y refusait lui-même : « Je ne me mêle ni d'orthographe, et ordonne seulement qu'ils suivent l'ancienne, ni de la ponctuation ; je suis peu expert en l'un et en l'autre. »

En dépit de ses efforts, il laissait nombre de choix en suspens et je m'y arrachai les cheveux tant il est vrai qu'il s'en faut souvent d'une virgule pour modifier le sens d'une phrase :

— La voix du texte meurt sous le plomb, se désolait-il d'ordinaire. Du manuscrit à l'imprimé, l'écrit change de main comme on passe à cheval du pas au triple galop. La perception du texte s'en trouve modifiée selon la taille du papier, des marges, des caractères. Si je voyage au pas, le paysage se détaille feuille à feuille. Si j'avance au triple galop, il défile dans un brouillard de verdure. Le lecteur ne connaîtra que l'imprimé, sans les inflexions de l'écriture. Aussi est-ce l'imprimé dont il me faut adoucir la forme et ciseler les contours par mes allongeails.

Il y eut mille cas de conscience, mille décisions infimes à prendre. Pierre se tint constamment à mes côtés. C'est lui qui me présenta à Abel L'Angelier, imprimeur de Montaigne, au premier pilier de la Grande Salle du Palais. Ce dernier fut de mes soutiens les plus constants. Car il avait été averti de notre alliance, dès l'été de 1588 où Michel lui annonça sa volonté de me confier après sa mort l'édition de ses Essais. Abel me dit lui avoir fait alors la promesse de m'apprendre mon métier d'éditrice et tint parole. Ma timidité à imposer mes vues fondit au contact de cet esprit rigoureux qui apprécia d'emblée la minutie de ma lecture, me déclara douée des qualités requises et digne d'entrer en son atelier où il m'invita à venir composer les Essais avec lui. C'était à coup sûr le meilleur moyen d'en vérifier, obèle pour obèle, la place de chaque ajout. Sur les grandes tablées de son imprimerie, je reproduisis le tracé des chapitres liasse par liasse, ainsi que Michel me l'avait enseigné. Les moindres variations en furent repérées, l'orthographe décidée et la ponctuation discutée.

Les éditions de 1595 et 1598 connurent un énorme succès qui me combla de joie et se continua après les éditions de 1602 et 1604, en dépit de la guerre qu'on lui fit sur l'usurpation du latin, la fabrique de mots nouveaux, contrepointes et piaffes, son style gasconnant et quelques phrases nonchalantes. L'ingrat Pasquier fut des accusateurs, dénonçant un froid recueil du public pour mieux s'essayer à le provoquer. N'en déplaise à son pleutre jugement s'efforçant de recueillir quelque éclat de renommée en égratignant la gloire de Montaigne, le succès déborda les frontières de France. Les Essais furent publiés dès 1604 à Leyde, traduits en anglais en 1613 par John Florio et en italien par Marco Ginammi en 1633. S'il l'eût su, il n'aurait pu s'empêcher de citer son cher Virgile :

« *Viresque acquirit eundo.* » Il acquiert ses forces en allant.

C'est à Abel que je dois d'avoir été si sûre de mon fait lors des discussions ultérieures avec les autres imprimeurs des Essais, moins consciencieux que lui. Fallait-il garder la lettre de l'original et respecter l'esprit de Montaigne, ou aménager la présentation et l'ordre des chapitres pour plaire au public ? Je ressentis très tôt l'urgence de fixer le texte et la forme définitifs des Essais contre la fantaisie des imprimeurs, puis contre la censure des esprits pincés.

Entre cette première édition *post mortem* de 1595 et la dernière que je donnai grâce au Cardinal en 1635, il y en eut une quasi tous les trois ou quatre ans, sans compter les éditions hors de France. C'est Abel qui me suggéra l'idée de rédiger une préface. L'inattendu de la proposition me prit au cœur et j'en fis, à tort, une indiscrète déclamation de mon admiration pour l'auteur des Essais et de ma douleur de l'avoir perdu. Erreur de jeunesse qui me valut d'acerbes critiques. Tant et si bien que j'en coupai l'essentiel dès l'édition suivante en 1598 et me retirai dans l'ombre du texte.

Le conflit moral entre le respect de la lettre des Essais, leur langue vieillissante, et le goût du public qui ne l'entendait plus se fit de plus en plus aigu. Montaigne et le siècle de Malherbe semblent irréconciliables. Chacun réclame de l'autre :

« Il devrait y avoir quelque coercition des lois contre les écrivains ineptes et inutiles, comme il y a contre les vagabonds et fainéants », écrit Michel au début de son essai « De la Vanité ».

À le relire, ce chapitre m'amuse et m'incite à soutenir le siège des frileux trissotins qui le veulent censurer. Ils me firent une aria de reproches sur le chapitre « Du repentir ». À les en croire, il eût fallu que je le supprimasse tout de bon. Quant à moi, j'en aime la verdeur, la sérénité et l'heureuse conscience qui l'incitent à déclarer : « Si j'avais à revivre, je revivrais comme j'ai vécu. »

Ce qui les chagrine, ce sont les quelques lignes précédant cette joyeuse déclaration, où notre philosophe se montre pour le coup tout entier et tout nu : « Je ne me suis pas attendu d'attacher monstrueusement la queue d'un philosophe à la tête et au corps d'un homme perdu ; ni que ce chétif bout eût à désavouer et démentir la plus belle, entière et longue partie de ma vie. »

Les théologiens s'en mêlèrent, trouvant beaucoup à redire, trois pages plus tôt, au repentir de Michel qui ne leur sembla rien moins que catholique, sans parler de ses opinions sur la mort volontaire reconnue la plus belle, et excuses répétées du suicide.

La beauté des Essais est là. Leur vérité aussi. Le

lecteur se dit, voilà un homme qui parle et non un pur esprit de rhétorique embabouiné de pédantisme et de pruderie. Voilà un homme qui dit le tout de nos jouissances et souffrances. Morales, physiques, spirituelles, voire grammairiennes ! Michel glosa beaucoup sur ces sujets en ses derniers ajouts, comme si le regret de ce qu'il allait perdre lui en faisait ressentir le prix. Je l'imagine moqueur en sa librairie, quand il accrut l'essai « De la force de l'imagination », en son livre premier d'un farceur allongeail teint d'une vérité crue, réjouissante pour qui, comme lui, n'a pas peur de son reflet :

« On a raison de remarquer l'indocile liberté de ce membre, s'ingérant si importunément lorsque nous n'en avons que faire et défaillant si importunément lorsque nous en avons le plus affaire, et contestant de l'autorité si impérieusement avec notre volonté, refusant avec tant de fierté et d'obstination nos sollicitations et mentales et manuelles. »

Et réédite la boutade au plus sérieux de son « Apologie de Raymond Sebond » : « À tel objet, l'estomac se soulève ; à tel autre quelque partie plus basse. » Ne nous y montre-t-il pas un peu plus loin Diogène exerçant en public sa masturbation ?

Imaginez si les commentaire et justification en furent aisés dans le salon des précieuses qui n'osent nommer le cul de la lampe ou froncent le nez à ouïr le hiatus de « mer de », fût-elle de Marseille ou de Calais !

D'autant que Michel n'a rien trouvé de mieux

que de citer saint Augustin pour donner un contre-exemple à la façon qu'ont les parties de notre corps de se refuser ou se plier à notre volonté :

« Saint Augustin allègue avoir vu quelqu'un qui commandait à son derrière autant de pets qu'il en voulait... »

Il me fallut ferrailler, monter au créneau d'une humeur batailleuse, supporter que l'on me demandât sous le nez, en manière de conversation, si la fornication n'était point péché ou si la pédérastie n'était pas un crime :

— À Dieu ne plaise, répondis-je vertement, que je condamne ce que Socrate a pratiqué !

Ce siècle me pue à s'interdire ce qu'il ignore pour ne point s'obliger à l'effort surhumain d'en pénétrer le sens. Montaigne le passe ? Le voici excommunié pour solécisme, licence de pensée et liberté de parole ! Pareillement mes contemporains s'offusquèrent que je voulusse leur traduire Ronsard dont le vieux français leur était devenu tout à fait étranger, en donnant sur une page le verbe originel et en m'efforçant d'en faire, sur la page d'en face, une version qui ne leur secouât point les oreilles. Haro sur la demoiselle ! On cria à l'absurde, au plagiat et à la trahison. Je m'en tins à Montaigne dont je traduisis toutefois les citations latines qui écorchaient le sentiment du troupeau ignare des lecteurs de ce siècle. Quant à mes propres écrits, ils servirent tout au plus au commerce de quelques esprits savants, férus du langage français et de poètes antiques, de rimes et de métaphores. D'aucuns furent écrits pour l'édification de quelques hauts esprits, traitant *De l'éducation de Messeigneurs les Enfants de France*, *De l'égalité des hommes et des femmes*, *Des vertus vicieuses*, *Des sottes finesses*, *De l'impertinente amitié* ou *Des grimaces mondaines*. Mes *Advis* publiés en 1641 les réunissent tous, des compliments et épîtres jusques aux plus fantasques de mes petits essais du *Bouquet de Pinde* : *Vœu d'un bracelet de corail et de cristal*, *D'une petite fille fort jolie nommée Persine*, *Sur un cheval mort tôt après son maître* ou *Le Poulet-d'Inde dur, au dîner d'un Poète*... Tous contribuèrent à mon entretien en ce cercle des grands noms et des beaux esprits où je tins, vaille que vaille, sous les ris et les moqueries, ma place de femme de lettres, comme le rêva Michel.

Ma main tavelée ouvre encore son livre à la page voulue. Si ma vue baisse, mes doigts n'hésitent jamais à pointer le mot, la citation ou la phrase recherchée dans l'épaisseur de ce texte dont la chaleur m'est intacte. Il me fut tout du long oracle, et guide, et nautonnier. Il n'est d'heure saumâtre d'où il n'ait fait jaillir courant d'idées limpides, propres à m'entraîner loin des marais chagrins. Cent fois il m'advint de l'ouvrir au hasard pour y lire une parole bonne à me sortir de l'ornière où je m'étais fourrée. Et cent fois sa réponse se révéla aussi juste, secourable et gaudissante que si son auteur se fût penché vers moi pour me la souffler à l'oreille. Point ne me lasse de l'entendre. Son livre m'est fidèle, inépuisable, apprivoisé et doux au toucher. Plus n'en finis de le lire et d'y découvrir à chaque page le nouveau relief d'une idée à laquelle ma propre humeur ou quelque événement commenté avec un demi-siècle d'avance donnent tout soudain une importance nouvelle.

La mémoire peut défaillir si les livres nous restent. Une fois reliée, leur matière est prodigieusement pérenne. Le désespoir de Michel et le mien eût été que les pages en fussent perdues comme les oracles de la Sibylle de Cumes, écrits sur des feuilles de chêne et dispersés par le vent. Ma mémoire et ma main étaient destinées à retenir toutes celles de son livre ultime sans en perdre une lettre.

Si les femmes se mêlent de dérober aux hommes leur liberté comme fit Prométhée, volant le feu du ciel pour le donner aux hommes, encourent-elles la colère des Dieux ? Celle des hommes me fut bien plus redoutable. Défiant la fureur divine et l'humaine critique, je pris la liberté de souffler sur les braises des Essais pour en entretenir la flamme et la transmettre intacte aux générations futures. Le jeu en valait la chandelle. Quand la boîte de Pandore a été ouverte, quand tous les dons divins se sont évaporés, reste toujours l'espérance. Bientôt je m'en vais disparaître, mais, imprimés par milliers, les livres de Montaigne sont partis voyager dans l'éternité des librairies et de la mémoire des hommes.

33

Pour mesurer l'éternité, il n'est que de voyager au pas d'un cheval, ou lire les titres des ouvrages posés sur les rayons d'une librairie. Nos forêts et nos livres sont parties, déchues aux mains distraites des hommes, de la futaie primordiale et de la librairie de Babel. Leur dispersion fut notre malédiction et leur sauvegarde, notre ruine et leur richesse. Sa violence et sa jalousie condamnèrent Adam à labourer la terre, saison après saison, pour retrouver, au risque de la famine, le secret de la forêt nourricière, et à récrire, feuille à feuille, le grand œuvre de la mémoire humaine.

Quand je franchis le seuil de la librairie de Montaigne, au sommet de la tour ronde du château de ses pères, je sus que j'avais atteint la fin de mon périple, l'omphalos des Essais, le nombril du sens. Le reste de mon existence ne serait plus, à partir de là, qu'un lent retour vers lui, une écoute pythique, dans le déchiffrement continu du monde à quoi la vie nous oblige, de la voix aimée enclose dans ses

écrits. On rit de moi pour n'avoir jamais su déchiffrer d'autre oracle que le sien. Je laisse rire, car il
m'a comblée et révélé la vertu salvatrice des librairies
et, partant, des forêts, quand on s'y retire pour y
fortifier ses pensers. Dans le silence des pages, le
passé nous parle. Dans la paix des forêts, l'âme rever-
dit. Rien ne vaut, pour lire heureux, qu'un cloître
de livres ou un toit de feuilles. S'il est des lieux où
l'esprit s'apaise à la courbe d'un mur ornée du cuir
très doux des reliures, où l'acuité de l'idée peut épa-
nouir ses pointes sous la protection des solives gra-
vées de sentences, c'est bien celui-ci. Michel était là,
dans le choix de poser ses volumes tant aimés bien
à plat sur les larges rayons, taillés à un pied et demi
l'un de l'autre, jusques au plafond. Ainsi pouvait-il,
depuis sa table, les embrasser tous du regard, laisser
le dernier consulté ouvert à la page voulue, se réjouir
de leur abondance, de leur ordre connu de lui seul,
du mental paysage qu'ils peignaient sur les parois
de son antre studieuse. Les cinq longues planches,
arrondies aux dimensions de la tour, lui faisaient un
amphithéâtre de sapience.

Que demander d'autre à la vie qu'un ermitage où
méditer son aise au milieu du chuchotement des
pages tournées ? Si le droit au désert me fut refusé,
du moins ai-je appris de Michel comment faire de
ma chambre une Ithaque de livres où filer mon
temps le jour et défaire la nuit l'ouvrage pénélopien
des ans. Une écritoire, une laine bleue, le dos fami-

lier des volumes dont je sais par cœur le contenu et la place dans mon esprit et sur mes quatre planches, de l'encre, une plume et du papier, quelques pommes pour la faim, une chatte qui passe. En le plus pouilleux des galetas, j'ai toujours su recréer l'essence de la librairie de Montaigne.

S'il m'est arrivé d'y ajouter l'éclat des cornues, en dépit du mépris où Michel tient l'alchimie, c'est pour avoir voyagé de Paris à Montaigne avec le conseiller Jean d'Espagnet à qui Pierre de Brach m'avait confiée. Plein de faconde et d'esprit, il divertit maintes longues heures de notre chevauchée à me parler d'alchimie dont il était, disait-il, féru de naissance. Qui d'autre que moi sut ce que son *Miroir des Alchimistes*, paru quatorze ans plus tard, en 1609, devait à son enfance vigneronne à Saint-Émilion, non loin de Montaigne ? Grand lecteur de Paracelse, il m'initia, outre à la transsubstantiation de la grappe en vin, aux arcanes d'une transmutation des métaux où j'entrevis une figure lumineuse de ma propre quête de savoir. Combien qu'il m'eût été utile, à la parfin, de voir apparaître quelque or sonnant et trébuchant au fond de ma coupelle, je n'y récoltai que fumées, sarcasmes et accusations de folie dépensière dont je dus encore me défendre dernièrement. L'alchimie me fut une méditation sulfureuse dont je ne me repens point, un de ces mirages où je recherchai désespérément à vaincre les lois de nature, se peut pour me prouver que la mort n'était point irréversible abîme, se peut pour y ressusciter, à la fugitive, un reflet de l'or rare que fut en ma vie la présence de Michel.

Dix-huit marches séparaient sa librairie de sa chambre, en surplomb de la chapelle, et de la rumeur du petit territoire et peuple dont il était, bien malgré lui, le seigneur. Par une attentive intuition qui m'émut et m'attacha à elles d'emblée, Françoise et Léonor de Montaigne, sa veuve et sa fille, me laissèrent seule les gravir, seule découvrir les lieux où reposaient, je le reconnus aussitôt, l'âme et l'esprit de mon ami.

Je crois les femmes capables de toutes les générosités quand elles aiment pour de bon. D'avoir aimé le même homme, de l'avoir envisagé avec des yeux emplis d'un même amour faisait de nous des sœurs, là où d'autres eussent vécu une infernale rivalité. Fallait-il qu'il eût confiance en la dignité et la libéralité de nos cœurs pour oser cette rencontre ! Chacune de nous le prit pour un ultime hommage de vive estime et affection et bonne intelligence. Assurément, tel que nous le connaissions bien, il se serait fort amusé de nos propos enjoués à le faire revivre par ses petits défauts qui tant plus nous attendrissaient que ses hautes qualités, de nos récits croisés où chacune retrouvait le visage du sien. Tout concourait à nous entendre, comme si Michel avait pu prévoir notre émotion à nous découvrir si unies pour l'amour de lui et rassérénées de nous reconnaître si proches :

— Avant que de se taire pour attendre la mort dans le silence de sa souffrance et de ses pensers, il me fit promettre de vous faire porter ses papiers, mais aussi de vous inviter à nous visiter, ce qui ne laissa pas de m'étonner, je l'avoue. Je conçois à présent combien il eut raison de prévoir que cela nous serait d'un grand secours et consolation à toutes trois, me dit Françoise au premier soir de mon arrivée, quand je lui eus remis l'exemplaire des Essais que je venais de faire imprimer pour respecter mon vœu à moi.

Dix-huit mois durant, je demeurai à Montaigne. Dix-huit mois durant, Françoise et Léonor me laissèrent la libre jouissance de sa librairie. Dix-huit mois durant, nous échangeâmes confidences de femmes, vœux et soupirs. Toutes trois, nous avions aimé et souffert des tours du temps qui nous jette bredi-breda dans les tourments du cœur sans prendre garde d'assortir les âges et tempéraments de nos amours. Françoise me confirma dans ma détestation des lois du mariage tel que la coutume et le devoir nous l'imposent. Quand Montaigne l'épousa, elle était une grande et belle jeune fille, fort bien dotée. N'est-ce pas pitié que l'amour n'y entrât pour aucune part ainsi qu'elle m'en fit le secret aveu ?

— J'admire que vous ayiez pu le suivre, si jeunette, sur les hauteurs où il respirait. Quant à moi, je m'y ennuyais et soupirais après un époux moins grave, moins savant, mieux rompu aux charges du ménage, plus intéressé à sa famille et à l'entretien du domaine dont il me laissa volontiers la charge et les soucis. Son frère, le capitaine de Saint-Martin eût mieux répondu à mes vœux, mais on ne consulta pas mon cœur. Quand il mourut d'une balle lancée à pleine force pendant une partie de paume, je dus celer ma peine. Je crains que Michel n'ait alors souffert de cette preuve de mon désamour, quoique je gage que son orgueil surtout en ait pâti.

À son tour, Léonor, seule de leurs six filles à avoir survécu, me conta ses souvenirs d'enfant tendrement chérie de son père :

— Avec lui, je pouvais dire tout haut les mots que ma gouvernante m'interdisait. Il en riait de bon cœur, mais jamais ne me convainquit de son plaisir à lire. Quand il rentra de son séjour à Gournay, émerveillé d'avoir trouvé en vous une fille de son esprit, je fus bien heureuse de n'être plus si seule et impuissante à relever la filiation de l'esprit paternel, trop vaste pour mon modeste entendement. Dès lors, il me sembla que j'étais libre d'aimer mon père pour ce que je suis, et non pour ce qu'il est aux autres.

La seule qui s'offusquât de ces retrouvailles fut Antoinette de Louppes, la mère de Michel, acariâtre douairière que la détestation de son propre fils portait à haïr quiconque il avait aimé. Mais personne sous ce toit n'avait plus, depuis belle heurette, cure de ses colères.

À l'évidence, aucune des femmes de la vie de Montaigne, ni Françoise, ni Léonor, pour ne rien dire de sa mère, ne s'était jugée capable de lire ses Essais, ni n'en avait ressenti le besoin. Mais moi qui l'avais tant lu, je ne pouvais que je reconnusse, au détour de tel ou tel récit, l'écho qu'en a donné Michel en ses livres. Dès lors, je proposai de leur en faire la lecture à voix haute, nous laissant guider par la fantaisie de nos conversations et évocations diverses de leurs souvenirs. Nous eûmes toutes trois des heures émues à entendre sa voix commenter à sa guise les petits et grands événements dont elles n'avaient point imaginé la portée en ses pensers et ses écrits. Le portrait qu'il fait de sa famille, de sa librairie et de son ménage leur parut fidèle. La drôlerie et sincérité qu'il met dans l'aveu de ses travers et de ses doutes leur tira des trésors de larmes, du regret de n'avoir peut-être pas su le lire et le reconnaître du temps qu'il était là.

En quoi j'eus la meilleure part et consolai un peu mon chagrin à l'idée qu'il ait trouvé en moi cette admiration gratuite, lucide et savante, juste assez pour le comprendre et l'aimer, qui lui était refusée chez lui par l'aveuglement d'une trop longue proximité conjugale et paternelle. Aucune de nous n'en jalousa une autre, persuadées, à la parfin, d'avoir tenu chacune dans sa vie, le rôlet auquel son affection si bien partagée nous destinait.

Un soir que je leur lisais un des passages des Essais où il est question de la malignité de Xanthippe, l'épouse de Socrate, censée exercer sa patience philosophique, Françoise soupira que les femmes de philosophe sont bien mal partagées de les devoir attacher, fût-ce à grands cris, au trivial bonheur du domestique et les rappeler chaque jour à leurs humaines fonctions quand ils se voudraient purs esprits.

Aussi lui narrai-je la cabale des savants amis de Montaigne contre moi. Ceux-là qui jugent leur amitié virile pour un grand homme au-dessus des passions ordinaires sont mal placés pour connaître ce versant de lui-même qu'il se gardera bien de leur avouer : ses indulgences d'époux, ses faiblesses de père, ses tentations d'amant, ces passions et souffrances trop humaines, ces minuscules défaites et victoires quotidiennes auxquelles la raison ne peut rien et l'affection tout. L'humour acide d'un mari se plaignant de sa femme a un chaud revers de tendresse exaspérée, d'amour fatal, incompréhensible à ses amis. Qui nous dit que Socrate n'aima point Xanthippe à la folie ?

Les habitudes du château de Montaigne restaient réglées selon ses goûts. Il semblait que tout fût prêt pour son prochain retour. Las, nous l'attendrions en vain. Je passai mes journées dans la solitude de sa librairie à relire, en la comparant à l'édition que nous venions d'en faire l'année passée chez L'Angelier, la copie des Essais que Françoise avait conservée, de façon à en relever les différences avec l'exemplaire que Pierre m'avait apporté, pensant déjà à une prochaine impression dont je lui assurai qu'elle serait suivie de bien d'autres. Il semblait que, emporté par son travail, Michel eût à l'occasion continué quelques brèves corrections sur l'exemplaire où il venait de reporter un allongeail, oubliant de refaire pour si peu le chemin inverse et de s'en aller barrer un mot ou en ajouter trois sur la version première. J'observai qu'il avait de même corrigé ses solives des sentences latines et grecques qu'il y faisait peindre selon l'humeur et les lectures du moment. Le nez levé au plafond, accoisée dans son vaste fauteuil, je les laissais guider ma rêverie, reconnaissant qui-cy, qui-là preuve de son humour ou noire humeur, laissant sa voix résonner en mon souvenir, les citer avec son réjouissant accent gascon et faire sonner son *Skeptomai*, je doute, qui le résumait tout entier.

Pendant que je l'aidais à trier la marée de papiers que son époux avait laissée derrière lui, Françoise sortit d'un coffre le journal du voyage en Italie que Michel tint à moitié avec son secrétaire. Il m'avait fait maints récits de ses étapes les plus marquantes. J'y retrouvai ainsi avec gratitude le détail de sa visite à la bibliothèque Vaticane où il avait eu le privilège d'être admis le six mars 1580. Outre les livres attachés sur plusieurs rangs de pupitres, le maître de la librairie, le cardinal Charlet, lui montra maints trésors : livres de Chine aux caractères sauvages, anciens papyrus aux caractères inconnus, ouvrage de saint Thomas d'Aquin corrigé par l'auteur. Mais il eut surtout l'émotion de voir un Sénèque écrit à la main dont l'ambassadeur de France se plaignait fort que le cardinal ne lui eût pas seulement permis d'y jeter un œil. En quoi Michel conclut que toutes choses sont aisées à certains biais et inaccessibles à d'autres. Je lus ces lignes comme si la morale de ma propre vie y fût inscrite.

Mon ami avait préparé la dispersion de sa librairie entre des mains amies et j'y eus mon lot, combien que me brisât le cœur la seule idée d'ôter une pierre à cette tour de livres qu'il avait édifiée. Lui-même avait hérité celle d'Étienne et m'avait dit vouloir léguer la sienne après lui. Le choix des titres qui m'étaient dévolus figurait une ultime déclaration au bord de la tombe : Ovide, Virgile, Catulle, Lucrèce, Tibulle, Properce... je reçus en partage toute la poésie de sa librairie et aussi les *Dialogues sur l'Amour* de Plutarque que nous avions lus ensemble à Gournay. Le choix de ces poètes, qu'il avait délaissés sur le tard pour de plus graves lectures, était une manière d'hymne à la part de jeunesse que notre amitié lui avait rendue, et il me semblait entendre son rire léger à anticiper mon émotion.

Depuis, on me fit mille persiflages et philippiques à ce sujet, arguant qu'il fallait le monstrueux égoïsme de la vieillesse pour piéger de la sorte pucelle innocente éperdue d'amour et d'admiration. À quoi je rétorquai vertement que j'eusse été pour de bon linotte rassotée d'avoir laissé passer si grand homme dans ma vie comme une ombre insaisissable. Aussi avais-je empoigné ma chance à toutes mains, sans du tout penser à quoi je m'engageais. Ce qui est, ce me semble, une assez bonne définition de l'amitié et de l'amour dont j'opine que nous ne songions ni à leurs conséquences, ni à leurs inconvénients futurs, sinon à les vivre tout de bon et sur l'heure. *Carpe diem !* dit ma mentale solive.

Écrire et voyager sont les deux secrètes libertés que je pris contre les hommes pour l'amour d'un seul qui me voulut son égale. Aguerrie par mon voyage en Gascogne, je visitai peu après les Flandres à cheval pour rencontrer Juste Lipse, lui porter les quelques livres dont il héritait à son tour et ouvrir un nouveau chapitre de mes amitiés. Las, les troubles du temps et de ma fortune familiale en empêchèrent d'autres, dont le voyage en Italie où j'imaginais porter mes pas sur les traces de Michel. Écrire serait mon seul voyage et ce récit très secret, fait à la nocturne, de l'itinéraire de ma vie en est, je le sais, le tout dernier.

Je réglai mon art d'écrire comme celui de voyager sur les conseils de mon ami et m'en trouvai bien. J'y pris grand plaisir combien que la sagesse masculine déconseille d'ordinaire aux femmes de s'y risquer. Aucun détour ne m'effrayait si j'y devais recueillir quelque enseignement.

À l'heure des adieux, Françoise me fit l'amitié de me conduire sur la tombe de Michel. Selon son vœu, il avait été enseveli dans l'église du couvent des Feuillants de Bordeaux dont la sagesse et modération lui étaient chères. Avant de nous quitter, elle me demanda si j'avais jamais vu l'océan et supplia Pierre qui m'accompagnait de me mener jusques au phare de Cordouan. Rocher posé sur le haut bout du fleuve, cet antique brasier avait été construit par le Prince Noir pour alerter les navires. Quand il devint gouverneur de Guyenne et maire de Bordeaux, Montaigne s'inquiéta de son état de ruine et y voulut remédier. Il commanda qu'on en fît un solide ouvrage et en chargea l'architecte Louis de Foix.

Ce pauvre Louis crut-il tout de bon que Michel lui commandait de reconstruire le phare d'Alexandrie ? Enivré à l'idée de bâtir sur la mer, son imagination grandiose dessina les plans d'une huitième merveille du monde. Étagés sur deux mille pilotis, un portail monumental, trois cent une marches d'un escalier reliant des étages de galeries, des appartements royaux, une chapelle et jusques au sommet où brûlerait un feu ardent. Les vingt-quatre mois requis selon lui pour en venir à bout devinrent des années, et je gage qu'à cette heure où il a de longue date perdu son architecte, il s'en faut encore de beaucoup que le phare de Cordouan soit achevé.

« Le monde n'est qu'une branloire pérenne », remarquait Michel à tout propos. Dans cette virgilienne chevauchée aux limes de la terre, des nuées et des eaux, dans ces grandes montjoies d'arène mouvante que le galop des chevaux peinait à dépasser, dans la caverneuse rumeur des vagues, dans cette tour inachevée dressée sur son caillou au beau milieu de rien, je le rejoignis enfin. Ses mânes me guidèrent au bord du monde, contempler l'infini des métamorphoses où tout passe et renaît de soi. Un rayon de soleil oblique perçant la grisaille et embrasant le phare me fut la flèche d'Aceste décochée dans les nues, le fragile roseau qui prend feu tout à coup et marque sa route aux étoiles dans un sillon de flamme, sans que les Troyens sachent s'il augure la protection ou le courroux des Dieux. Face à cette tour jumelle du phare de la pensée où sa librairie était enclose, je vivais le songe de Montaigne, à jamais inachevé tant que nos mémoires et nos livres en garderont la trace, tant que je pourrai écrire, tant que tu me pourras lire. Adieu, lecteur.

Notes et références

Les numéros des pages renvoient à l'édition de la Pléiade des *Essais*. Ne souhaitant pas faire œuvre savante, j'ai volontairement modernisé l'orthographe du texte de Montaigne dans les citations suivantes.

1

« C'est une femme qui parle. » Marie a énoncé cette vérité première dans sa « Préface » aux *Essais* de 1595 et l'a reprise à peu près dans les mêmes termes dans son *Grief des Dames*, publié en 1626.

Arthénice était le surnom en forme d'anagramme de Catherine de Rambouillet.

Essais, I, 39, p. 242 – « Souvienne vous de celui à qui on demandait à quoi faire il se peinait si fort en un art qui ne pouvait venir à la connaissance de guère de gens : J'en ai assez de peu, répondit-il, j'en ai assez d'un, j'en ai assez de pas un. »

Essais, II, 17, p. 645 – « ma fille d'alliance, et certes aimée de moi beaucoup plus que paternellement. »

2

Librairie est l'ancien mot pour bibliothèque.

3

Derechef signifie de nouveau, une seconde fois.
Essais, I, 26, p. 147 – « Je n'ai point l'autorité d'être cru... »
Essais, I, 17, p. 641 – « Chacun regarde devant soi... »
Essais, II, 10, p. 389 – « les difficultés, si j'en rencontre en lisant... »

4

La Mothe Le Vayer fut élu en 1639 à l'Académie, second occupant du treizième fauteuil où avait été élu en premier le grammairien Bachet de Méziriac.

5

« La moyenne hauteur borne nos deux corsages. Nos deux esprits sont ronds et ronds nos deux visages. »
Vers adressés à son amie Catherine Cypierre et cités par Mario Schiff (cf. bibliographie).

6

Gournay (Marie de), *Les Avis ou les Présents de la demoiselle de Gournay*, Paris, T. du Bray, 1641, in-4°, 2ᵉ éd.
Publiés d'abord sous le titre *L'Ombre de la Damoiselle*

de Gournay. Œuvre composé de mélanges, en 1626, puis en 1634, ils contiennent entre autres le petit traité « Égalité des hommes et des femmes », publié une première fois en 1622, mais aussi des traités sur l'éducation, la querelle des mots et tous les sujets qui préoccupèrent Marie.

7

On sait que Marie écrivit à Montaigne. Ni la lettre, ni sa réponse ne nous sont parvenues. Hormis les références aux *Essais*, elles sont de mon invention.

Essais, I, 28, p. 185 – « Et certes sans cela il se pouvait dresser une telle accointance, libre et volontaire, où non seulement les âmes eussent cette entière jouissance, mais encore où les corps eussent part à l'alliance, où l'homme fût engagé tout entier, il est certain que l'amitié en serait plus pleine et plus comble. Mais ce sexe par nul exemple n'y est encore peu arriver et par le commun consentement des écoles anciennes en est rejeté. »

8

Essais, III, 1, p. 767 – « Je parle au papier comme je parle au premier que je rencontre. »

Oxymoron, nom grec d'une figure de style qui réunit deux mots de sens contradictoire. Ex : douce violence.

Essais, III, 2, p. 786 – « En mon climat de Gascogne, on tient pour drôlerie de me voir imprimé. »

Essais, III, 9, p. 979 – « N'étant bourgeois d'aucune ville... » Montaigne manifeste son plaisir et sa reconnaissance de s'être vu attribuer bulle authentique de bourgeoisie romaine dont il donne d'ailleurs à cet endroit la copie exacte.

Amors de lon'h. Les amours de loin que chantent les troubadours.

Essais, III, 12, p. 1 021 – « Je fus pelaudé à toutes mains : au Gibelin, j'étais Guelfe, au Guelfe Gibelin. » Autrement dit au catholique, il était protestant et réciproquement.

Essais, III, 5, p. 821 – « il n'est que de siffler en paume, je leur irai livrer des essays en chair et en os. »

9

Essais, II, 17, p. 645-646 – « J'ai pris plaisir... »

Rabelais, *Pantagruel*, chapitre VI : « Je ne bâtis que pierres vives, ce sont hommes. »

Essais, III, 8, p. 901 – « Et me semble être excusable si j'accepte plutôt le nombre impair ; le jeudi au prix du vendredi, si je m'aime mieux douzième ou quatorzième que treizième à table ; si je vois plus volontiers un lièvre côtoyant que traversant mon chemin quand je voyage, et donne plutôt le pied gauche que le droit à chausser. »

10

Essais, III, 5, p. 843 – « Qui me demanderait la première partie en l'amour, je répondrais que c'est savoir prendre le temps ; la seconde de même et encore la tierce : c'est un point qui peut tout. »

11

Rabelais, *Gargantua*, chapitre XIX.

Anecdote des jeunes Racan rapportée selon une autre version par Tallemant des Réaux, *Historiettes*, p. 382-384 de l'édition de La Pléiade.

Anecdote de la forêt de Villebois rapportée par Montaigne, *Essais*, III, 12, p. 1 039-1 040.

12

Essais, I, 42, p. 257 – « Le poids de la souveraineté ne touche un gentilhomme Français qu'une ou deux fois dans sa vie. »

Essais, II, 8, p. 364-383 – De l'affection des pères aux enfants. Montaigne y parle entre autres des désastres arbitraires de l'âge, des défauts de la vieillesse et conseille une sage retraite parmi les siens.

Essais, III, 1, p. 772 – « Aussi ne sont aucunement de mon gibier les occupations publiques. »

Essais, II, 27, p. 677-678 – « Qui rend les Tyrans si sanguinaires ? »

Essais, II, 5, p. 348 – « C'est une dangereuse invention... »

Essais, III, 5, p. 867 – « Je ne m'excuse pas envers moi ; et si je le faisais, ce serait plutôt de mes excuses que je m'excuserais que de nulle autre partie. »

13

Noise signifie querelle. Chercher noise pour noisette équivaut à chercher querelle pour des prunes.

Essais, II, 12, p. 508 – « La plupart des occasions des troubles du monde sont Grammairiennes. »

Essais, III, 2, p. 783 – « Ailleurs, on peut recommander et accuser l'ouvrage à part de l'ouvrier ; ici, non : qui touche l'un, touche l'autre. »

14

Essais, III, 1, p. 771 – « Un parler ouvert ouvre un autre parler et le tire hors, comme fait le vin et l'amour. »

15

Essais, III, 9, p. 974 – « Si prendre des livres était les apprendre, et si les voir était les regarder, et les parcourir les saisir, j'aurais tort de me faire du tout si ignorant que je dis. »

16

Essais, II, 32, p. 703 – « On dit que les femmes de Gascogne ont quelque prérogative en ce que vous les feriez plutôt mordre dans du fer chaud que de démordre d'une opinion qu'elles auraient conçue en colère. »

18

Essais, II, 10, p. 390 – « Et le cinquième livre de *L'Énéide* me semble le plus parfait. »

Essais, III, 9, p. 941 – « Pour moi, j'ajoute, mais ne corrige pas. »

Essais, I, 26, p. 171 – « Au rebours, c'est aux paroles à servir et à suivre, et que le Gascon y arrive si le Français n'y peut aller ! »

Essais, II, 17, p. 622 – « Il y a bien au-dessus de nous, vers les montagnes, un Gascon que je trouve singulièrement beau, sec, bref, signifiant, et à la vérité un langage mâle et militaire plus qu'autre que j'entende ; autant nerveux, puissant et pertinent, comme le Français est gracieux, délicat et abondant. »

Essais, II, 12, p. 431 – « Quoy des mains ?... »

Essais, III, 10, p. 987 – « Moustarde après dîner. Je n'ai que faire du bien dont je ne puis rien faire. »

19

Essais, III, 9, p. 941 – « Moi à cette heure et moi tantôt sommes bien deux. »

Essais, I, 28, p. 188 – « Je me fusse certainement plus volontiers fié à lui de moi qu'à moi. »

20

Essais, I, 25, p. 133 – « Je dirais volontiers que, comme les plantes s'étouffent de trop d'humeur, et les lampes de trop d'huile ; aussi l'action de l'esprit par trop d'étude et de matière, lequel, saisi et embarrassé d'une grande diversité de choses, perde le moyen de se démêler ; et que cette charge le tienne courbe et croupi. »

Essais, III, 10, p. 998 – « Je veux dire ceci : que l'éclipsement nouveau des dix jours du Pape m'ont pris si bas que je ne m'en puis accoutumer. »

Essais, III, 11, p. 1 002 – « Il y a deux ou trois ans qu'on accoursit l'an de dix jour en France. Combien de changements devaient suivre cette réformation ! ce fut proprement remuer le ciel et la terre à la fois. »

Essais, II, 17, p. 643 – « Une âme à la vieille marque. »

Essais, I, 28, p. 181-193 – « De l'amitié. »

21

Essais – Au lecteur. Prologue – « Je n'y fusse volontiers peint tout entier et tout nu. »

Essais, I, 14, p. 63 – « Il n'est rien que je haïsse comme à marchander. C'est un pur commerce de tricherie et d'impudence. »

Essais, I, 49, p. 286 – Des coutumes anciennes. « Ils se torchaient le cul (il faut laisser aux femmes cette vaine superstition des paroles) avec une éponge : voilà pourquoi *spongia* est un mot obscène en Latin. »

Essais, I, 38, p. 231 – « Il n'est de jour auquel on ne m'ouit gronder en moi-même et contre moi : "Bren du fat !" »

22

Essais, I, 31, p. 203 – « Chacun appelle barbarie ce qui n'est pas de son usage. »

Essais, I, 31, p. 207-208 – « Je pense qu'il y a plus de barbarie à manger un homme vivant qu'à le manger mort... »

Essais, II, 11, p. 408 – « Je hais, entre autres vices, cruellement la cruauté... »

Essais, II, 11, p. 410 – « Tout ce qui est au-delà de la mort simple me semble pure cruauté. »

Essais, I, 14, p. 700 et II, 32, p. 59 – L'histoire du petit Spartiate est citée par Montaigne qui la tire lui-même de Plutarque. Il l'aime tant qu'il la cite à deux reprises dans les *Essais* !

Essais, III, 10, p. 996 – « Les poètes ont bien entendu cela... »

Essais, III, 10, p. 990 – « Je me prends fermement au plus sain des partis... »

Essais, I, 31, p. 208 – « Nous les pouvons donc bien appeler barbares, eu égard aux règles de la raison, mais non pas eu égard à nous, qui les surpassons en toutes sortes de barbaries. »

Essais, II, 12, p. 1 023 – « En cette confusion où nous sommes... »

23

Essais, III, 3, p. 806 – « Tout lieu retiré requiert un promenoir. »

Essais, II, 15, p. 599 – « Et en rebours ce qui tint les mariages à Rome... »

Essais, III, 5, p. 829 – « Un bon mariage, s'il en est, refuse la compagnie et conditions de l'amour. Il tâche à représenter celles de l'amitié. »

p. 830 – « C'est trahison de se marier sans s'épouser... »

p. 831 – « Chier dans le panier pour après le mettre sur sa tête »

p. 875 – « Je dis que mâles et femelles sont jetés en même moule... »

p. 832 – « Les femmes n'ont pas du tout tort quand elles refusent les règles de vie... »

p. 860 – « Je dis pareillement qu'on aime un corps sans âme et sans sentiment... »

Essais, III, 9, p. 923 – « L'escrivaillerie me semble être quelque symptôme d'un siècle débordé. »

Essais, I, 26, p. 145 – « Les écrivains indiscrets de notre siècle qui, parmi leurs ouvrages de néant, vont semant des lieux entiers des anciens auteurs pour se faire honneur, font le contraire. »

Essais, II, 11, p. 218 – « Je ne prends pour miracle, comme fait la Reine de Navarre... » Cf. conclusion de la trentième nouvelle, à la fin du livre trois de *L'Heptaméron* de Marguerite de Navarre.

24

Essais, I, 26, p. 157 – « À qui grêle sur la tête, tout l'hémisphère semble être en tempête et orage. »

Essais, II, 10, p. 388 – « J'aimerais quelqu'un qui me sache déplumer. » Référence à la fable d'Ésope « Le choucas et les oiseaux » et à *Phèdre*, I, 3. On la retrouvera dans les *Fables de la Fontaine*, livre IV, fable 9.

Essais, II, 12, p. 578-579 – « Qu'on loge un philosophe dans une cage de menus filets de fer clair-semés, qui soit suspendue au haut des tours nostre Dame de Paris... »

Essais, II, 21, p. 618 – « ... il n'est rien qui pusse si justement dégoûter un sujet de se mettre en peine et en hasard pour le service de son prince, que de le voir apoltronny ce pendant lui-même à des occupations lâches et vaines... »

Essais, I, 21, p. 618 – « J'en sais un qui aimerait bien mieux être battu que de dormir pendant qu'on se battrait pour lui et qui ne vit jamais sans jalousie ses gens mêmes faire quelque chose de grand en son absence. »

Essais, II, 19, p. 65 – « Et si crois mieux, pour l'honneur de la dévotion de nos rois, c'est que, n'ayant peu ce qu'ils voulaient, ils ont fait semblant de vouloir ce qu'ils pouvaient. »

Essais, II, 11, p. 412 – « Nature, a ce crains-je, elle-même attaché à l'homme quelque instinct à l'inhumanité. »

Essais, II, 17, p. 629 – « ... les Français semblent des guenons... » Montaigne cite ici François Olivier, Chancelier de François II et Henri II, mort en 1560.

Essais, II, 27, p. 675 – « Mettez trois Français au désert de Libye... »

25

Essais, I, 14, p. 60 – « Quand je vins de ces fameux États de Blois... » Allongeail placé à l'origine dans le chapitre 49 du livre I de l'édition de 1595.

Essais, II, 26, p. 670 – Des pouces – « Tacite récite que, parmi certains rois barbares, pour faire une obligation assurée, leur manière était de joindre étroitement leurs mains droites l'une à l'autre, et s'entrelacer les pouces ; et quand, à force de les presser, le sang en était monté au bout, ils les blessaient de quelque légère pointe, et puis se les entresuçaient. »

Essais, III, 17, p. 637 – « Pourquoi n'est-il loisible de même à un chacun de se peindre de la plume comme il se peignait d'un crayon ? »

Essais, II, 10, p. 390 – « ... il y a des endroits de *L'Énéide* auxquels l'auteur eût donné encore quelque tour de pigne s'il en eût eu le loisir. »

Essais, II, 35, p. 728-729 – De trois bonnes femmes. Longue citation traduite de la 104ᵉ lettre à Lucilius en fin de chapitre.

Essais, II, 12, p. 568 – « On demandait à un philosophe, qu'on surprit à même, ce qu'il faisait. Il répondit tout froidement : "Je plante un homme", ne rougissant non plus d'être rencontré en cela que si on l'eût trouvé plantant des aulx. »

26

Virgile, *L'Énéide*, chant IV.

Essais, III, 13, p. 1 089 – « Jouer à cornichon-va-devant... »

Essais, I, 49 – « Sur ce sujet des lettres, je veux dire ce mot, que c'est un ouvrage auquel mes amis tiennent que je puis quelque chose. » À quoi Montaigne ajoute : « Et eusse pris plus volontiers cette forme à publier mes verves si j'eusse eu à qui parler. »

p. 1 397-1 398 – Lettre de Montaigne à Henri IV, roi de France et de Navarre, 18 janvier 1590 – « Un grand conquérant du temps passé se vante d'avoir donné autant d'occasion à ses ennemis subjugués qu'à ses amis de l'aimer. »

27

Essais, II, 37, p. 756 – « car, en général, j'estime le baigner salubre, et crois que nous encourons non légères incommodités pour notre santé, pour avoir perdu cette coutume qui était généralement observée au temps passé quasi en toutes les nations, et est encore en plusieurs, de se laver le corps tous les jours. »

Essais III, 13, p. 1 062 – « ... et me passerais autant malaisément de mes gants que de ma chemise, et de me laver à l'issue de table et à mon lever, et de ciel et rideaux à mon lit, comme de choses bien nécessaires. »

28

Essais, II, 31, p. 696 – « Elles, de même, ne se courroucent qu'afin qu'on se contre-courrouce, à l'imitation des lois de l'amour. »

Prendre la chèvre : s'irriter, se choquer, faire un caprice.

Essais, III, 12, p. 1 033 – « J'ai vu faire des livres de choses ni jamais étudiées... »

Sénèque. – « *Claudius animam agere coepit, nec invenire exitum poterat.* » – *L'Apocoloquintose du divin Claude. 13 octobre 54*, édition bilingue, Paris, Les Belles Lettres, 1966.

Essais, II, 17, p. 618 – « On peut faire le sot partout ailleurs, mais non en la poésie. »

Essais, III, 9, p. 974 – « C'est l'originel langage des Dieux. »

29

Tallemant des Réaux, *Historiettes*, Paris, Gallimard, Bibliothèque de la Pléiade, tome I, p. 379-380.

Le roi d'Argos avait une femme, Sthénobée, qui se prit de passion pour leur hôte, le prince Bellérophon. Comme il refusait de céder à ses avances, elle l'accusa auprès de son mari d'avoir voulu la séduire. Pour ne pas violer les lois de l'hospitalité, le roi d'Argos l'envoya à la cour du roi Iobate, père de Sthénobée, porteur d'une lettre qui, à l'insu du jeune homme, le priait de tirer vengeance de la prétendue insulte. D'où l'expression Lettres de Bellérophon.

30

Essais, III, 9, p. 945 – « Les princes me donnent prou s'ils ne m'ôtent rien et me font assez de bien quand il ne me font point de mal ; c'est tout ce que j'en demande. »

Essais, I, 25, p. 141 – Montaigne cite Platon sur l'éducation à donner au fils aîné du roi et sur les quatre maîtres et quatre enseignements qu'ils recevra à partir de sa quatorzième année : « Le premier lui apprenait la religion ; le second à être toujours véritable ; le tiers à se rendre maître de ses cupidités ; le quart à ne rien craindre. » Ce qui ne vaut pas seulement pour les fils de roi !

Essais, I, 13, p. 49 – « J'ai vu souvent des hommes incivils par trop de civilité et importuns par trop de courtoisie. »

Essais, II, 20, p. 657 – « Il est pareillement vrai que, pour l'usage de la vie et service du commerce public, il y peut avoir de l'excès en la pureté et la perspicacité de nos esprits ; cette clarté pénétrante a trop de subtilité et de curiosité. »

Essais, III, 1, p. 769 – « Moi, je m'offre par mes opinions les plus vives et par la forme plus mienne. »

Essais, III, 13, p. 1 096 – « Si avons-nous beau monter sur des échasses... »

32

Essais, III, 9, p. 974 – « Parce que la coupure si fréquente des chapitres, de quoi j'usais au commencement, m'a semblé rompre l'attention avant qu'elle soit née, et la dissoudre, dédaignant s'y coucher pour si peu et se recueillir, je me suis mis à les faire plus longs, qui requiè-rent de la proposition et du loisir assigné. »

Essais, III, 9, p. 942 – « « Je ne me mêle ni d'orthogra-phe... »

Essais, III, 9, p. 923 – « Il devrait y avoir quelque coercition des lois contre les écrivains ineptes et inuti-les... »

Essais, II, 3, p. 331 – « La plus volontaire mort, c'est la plus belle. »

Essais, II, 3, p. 343 – « La douleur insupportable et une pire mort me semblent les plus excusables incita-tions. »

Essais, I, 21, p. 100 – « On a raison de remarquer l'indocile liberté de ce membre... »

Essais, II, 12, p. 520 – « À tel objet l'estomac se soulè-ve ; à tel autre quelque partie plus basse. »

Essais, II, 12, p. 569 – « Car Diogène, exerçant en public sa masturbation, faisait souhait en présence du peuple assistant qu'il se peut ainsi saouler le ventre en le frottant. » Référence à Diogène Laerce, *Vie de Diogène*, IV, LXIX.

Essais, I, 21, p. 101 – « Saint-Augustin allègue... »

Tallemant des Réaux, *Historiettes*, Paris, Gallimard, Bibliothèque de la Pléiade, tome I, p. 379-380.

33

Essais, III, 3, p. 806 – « Chez moi, je me détourne un peu plus souvent à ma librairie, d'où tout d'une main, je commande à mon ménage... Elle est au troisième étage d'une tour... »

Essais, II, 12, p. 542 – « et jusques à cette ridicule poursuite de la pierre philosophale. »

Essais, III, 5, p. 834 – « Elle lisait un livre français devant moi. Le mot de fouteau s'y rencontra, nom d'un arbre connu ; la femme qu'elle a pour sa conduite l'arrêta tout court un peu rudement, et la fit passer par dessus ce mauvais pas. »

Essais, II, 17, p. 636 – « Or je ne sais compter ni à get, ni à plume... Et puisqu'il me faut faire la honte tout entière, il n'y a pas un mois qu'on me surprît ignorant de quoi le levain servait à faire le pain et que c'était que faire cuver le vin... Par ces traits de ma confession, on en peut imaginer d'autres à mes dépens. »

Essais, II, 9, p. 401 – « Socrate s'essayait, ce me semble, encore plus rudement, conservant pour son exercice la malignité de sa femme : qui est un essay à fer émoulu. »

Essais, III, 13, p. 1 062 – « Je dînerais sans nappe, mais à l'alemande, sans serviette blanche, très incommodément... Je plains qu'on n'ait suivi un train que j'ai vu commencer à l'exemple des Rois : qu'on nous changeât de serviette selon les services, comme d'assiette. »

« Les sentences peintes dans la librairie de Montaigne », Appendice aux *Œuvres complètes*, Bibliothèque de la Pléiade, p. 1419-1425.

« Journal de voyage en Italie », in *Œuvres complètes*, Bibliothèque de la Pléiade, p. 1221-1222.

Essais, I, 28, p. 482 – « Moi qu'il laissa, d'une si amoureuse recommandation, la mort entre les dents, par son testament, héritier de sa bibliothèque et de ses papiers. »

Essais, I, 31, p. 202 – « Les habitants disent que,

depuis quelque temps, la mer se pousse si fort vers eux qu'ils ont perdu quatre lieues de terre... et voyons des grandes montjoies d'arène mouvante qui marchent d'une demi-lieue devant elle, et gagnent pays. »

Essais, III, 2, p. 782 – « Le monde n'est qu'une branloire pérenne. »

Virgile, *L'Énéide*, chant V – « Le léger roseau, fendant les nues, prend feu tout à coup, marque sa route par un sillon de flamme, se consume et disparaît : semblable à ces étoiles que l'on voit se détacher du ciel, traverser les airs et traîner après elles une longue chevelure »

Textes et sources

Gournay (Marie de), *Égalité des hommes et des femmes, Grief des Dames*, suivi du *Proumenoir de Monsieur de Montaigne*, Droz, Genève, 1993.

Gournay (Marie de), « Préface sur les *Essais* de Michel, Seigneur de Montaigne, par sa Fille d'Alliance, 1595 », in Montaigne, *Les Essais*, Paris, La Pochothèque, Le Livre de poche, Librairie générale française, 2001, p. 9-51.

Montaigne (Michel), *Œuvres complètes*, éd. A. Thibaudet et M. Rat, Paris, Gallimard, Bibliothèque de la Pléiade, Paris, 1962.

Brach (Pierre de), *Lettre sur la mort de Montaigne, Choix de poèmes*, L'Horizon chimérique, 1988.

Du Bartas (Guillaume de Saluste), *La Sepmaine*, 1581, édition établie par Yvonne Bellenger, Société des Textes français modernes, 1993.

La Boétie (Étienne de), *Discours de la servitude volontaire*, La pharmacie de Platon, William Blake & Co, 1995.

Érasme, « Les Adages », in *Œuvres choisies*, Paris, Le Livre de poche, 1991 ; in *Érasme*, Paris, Bouquins, Laffont, 1992.

Tallemant des Réaux, *Historiettes*, tome I et II, Galli-mard, Bibliothèque de la Pléiade, 1960.

Montaigne et Marie de Gournay. Actes du Colloque international de Duke 31 mars-1ᵉʳ avril 1995. Présentés et réunis par Marcel Tetel, Paris, Honoré Champion, 1997.

Marie de Gournay et l'édition de 1595 des Essais de Montaigne. – Actes du Colloque organisé par la Société internationale des Amis de Montaigne, les 9 et 10 juin 1995, en Sorbonne, Paris, Honoré Champion, 1996.

Bonnefon (Paul), *Montaigne et ses amis*, tomes I et II, Genève, Slatkine Reprints, 1969.

Dezon-Jones (Eliane), *Marie de Gournay, Fragments d'un discours féminin*, Corti, 1988.

Dubois (Claude-Gilbert), *Montaigne et l'histoire*, éd. Klincksieck, 1991.

Gallet (André), *Le Tour secret de Montaigne*, William Blake & Co. Edit., 1996.

Lazard (Madeleine), *Michel de Montaigne*, Paris, Fayard, 1992.

Lourenço (Eduardo), Botineau (Pierre), *Montaigne 1533-1592*, Photographies de Jean-Luc Chapin, Centre régional des Lettres d'Aquitaine, L'Escampette éditions, 1992.

Macé-Scarron (Joseph), *Montaigne notre nouveau philosophe*, Paris, Plon, 2002.

Nakam (Géralde), *Le Dernier Montaigne*, Paris, Honoré Champion, 2002.

Schiff (Mario), *La Fille d'alliance de Montaigne, Marie de Gournay*, Genève, Slatkine Reprints, 1978, réimpression de l'édition de Paris, 1910.

Société des Amis de Montaigne, Bulletin, Le château de Montaigne, 1993.

Sweig (Stefan), *Montaigne*, Paris, PUF, 1982.

Adam (Antoine), *Histoire de la littérature française au* XVIIᵉ *siècle,* tome I, Paris, Albin Michel, 1997

Chaillou (Michel et Michèle), *Petit Guide pédestre de la littérature française au* XVIIᵉ *siècle,* Paris, Hatier, 1990.

Dictionnaire des Lettres françaises, « Le XVIIᵉ siècle », Paris, Fayard, 1951 , Fayard et La Pochothèque, Librairie générale française, 2001.

Duchêne (Roger), *Les Précieuses, ou comment l'esprit vint aux femmes*, Paris, Fayard, 2001.

Fumaroli (Marc), *La Diplomatie de l'esprit, De Montaigne à la Fontaine*, Hermann, 1994.

Fumaroli (Marc), *L'Âge de l'éloquence. Rhétorique et* res literaria *de la Renaissance au seuil de l'époque classique,* Genève, Droz, 1980 ; Paris, Albin Michel, 1994.

Fumaroli (Marc), « La Coupole », in *Trois institutions littéraires*, Paris, Gallimard, 1986.

Lartigue (Pierre), *Le Second* XVIᵉ *siècle, Plumes et rafales, 1550-1600*, Paris, Hatier, 1990.

Lazard (Madeleine), *Les Avenues de Fémynie, les femmes et la Renaissance*, Paris, Fayard, 2001.

Magazine littéraire, « Montaigne en mouvement », nº 303, octobre 1992.

Magazine littéraire, « Écrits intimes, de Montaigne à Peter Handke », nº 252-253, avril 1988.

Magendie (Maurice), *La Politesse mondaine et les théories de l'honnêteté en France au* XVIIᵉ *siècle, de 1600 à 1660*, tomes I et II, Genève, Slatkine Reprints, 1993.

Magne (Émile), *La Vie quotidienne au temps de Louis XIII*, Paris, Hachette, 1942.

Michel (Natacha), Rougemont (Martine de), *Le Rameau subtil, Prosatrices françaises (1364-1954)*, Paris, Hatier, 1993.

Nicolaï (A.), *Montaigne intime*, Aubier Montaigne.

Robitaille (Louis-Bernard), *Le Salon des immortels, une académie très française*, Paris, Denoël, 2002.

Starobinski (Jean), *Montaigne en mouvement*, Paris, Gallimard, 1982.

L'Automne de la Renaissance. 1580-1630. XXIIe colloque international d'Études humanistes, Tours, 2-13 juillet 1979, Paris, Librairie philosophique J. Vrin, 1981.

Remerciements

L'écriture de ce livre s'est poursuivie sur plusieurs années. Ma gratitude va d'abord à Jacques Baudouin, mon compagnon et mon premier lecteur, à notre *querencia* majorquine où j'ai enfin trouvé, grâce à lui, le temps d'écrire. Merci à Stéphanie Chevrier, mon éditrice, qui a su attendre cet ouvrage et veiller à ce que l'objet soit à la hauteur du sujet. Le souvenir de Julien Bonardier m'a constamment guidée et inspirée.

Ma dette est ancienne à l'égard de ceux qui m'ont fait découvrir le charme puissant des *Essais* : Danièle Mary-Rispal, professeur de littérature à l'Institution du Mirail, à Bordeaux, puis Madame Simone Bertière, Messieurs Saint-Girons, Montheillet, Vercaemer, et Claude-Gilbert Dubois avec qui je continuai cette fertile lecture, enrichie de bien d'autres, à l'Université de Bordeaux-III.

Avant de mettre un point final à *L'Obèle*, j'ai largement éprouvé la patience de mon entourage. À commencer par les plus jeunes que je remercie spécialement : Charles Baudouin et Élodie Natural, Cécile Voinier, Nicolas Voinier, Aurélie Hoegy, Laure Mairal, Lucile Thomas.

Merci à mes parents, à ma sœur, Hélène Voinier, aux amies et amis, de leur soutien et avis éclairés et, entre tous, à Tracy Chamoun, Virginie Coulloudon, Dominique Fenouil, Shulamit Ferrand, Nathalie Hutter-Lardeau, Antoine Jouve, Catherine Noury, Manuela Natural, Véronique Reiffers, Jean-Michel Ribettes.

Puisse Albert-Louis Natural, grand érudit, bibliophile et ami de Montaigne, lire d'où il se trouve, par-dessus l'épaule de Monette, ce texte dont nous avons si souvent parlé.

Impression réalisée sur CAMERON par

BUSSIÈRE CAMEDAN IMPRIMERIES

GROUPE CPI

à Saint-Amand-Montrond (Cher)
pour le compte des Éditions Flammarion
en septembre 2003

N° d'édition : FF838802. — N° d'impression : 034331/1.
Dépôt légal : août 2003.

Imprimé en France